U0851300

知识生产的原创基地
BASE FOR ORIGINAL CREATIVE CONTENT

颉腾商业
JIE TENG BUSINESS

领导力的
5个层级

[美] 约翰·麦克斯韦尔（John C. Maxwell）◎著
杨壮 王进杰◎译

THE FIVE LEVELS OF LEADERSHIP

10TH ANNIVERSARY EDITION
10周年纪念版

中国广播影视出版社

图书在版编目（CIP）数据

领导力的 5 个层级：10 周年纪念版 /（美）约翰 · 麦克斯韦尔 (John C. Maxwell) 著；杨壮，王进杰译．-- 北京：中国广播影视出版社，2023.3（2024.4 重印）
ISBN 978-7-5043-8934-3

Ⅰ．①领… Ⅱ．①约… ②杨… ③王… Ⅲ．①领导学 Ⅳ．① C933

中国版本图书馆 CIP 数据核字 (2022) 第 206178 号

北京市版权局著作权合同登记号 图字：01-2022-4711 号

领导力的5个层级（10周年纪念版）
[美] 约翰 · 麦克斯韦尔（John C. Maxwell） 著
杨 壮 王进杰 译

策 划 颉腾文化
责任编辑 王 萱 胡欣怡
责任校对 张 哲

出版发行 中国广播影视出版社
电 话 010-86093580 010-86093583
社 址 北京市西城区真武庙二条9号
邮 编 100045
网 址 www.crtp.com.cn
电子信箱 crtp8@sina.com

经 销 全国各地新华书店
印 刷 文畅阁印刷有限公司

开 本 640毫米 × 910毫米 1/16
字 数 189（千）字
印 张 17.5
版 次 2023年3月第1版 2024年4月第3次印刷

书 号 ISBN 978-7-5043-8934-3
定 价 79.00 元

赞誉

约翰 · 麦克斯韦尔关于领导力的研究堪称经典。他的书我在十几年前就认真读过。这次杨壮老师和王进杰老师翻译的《领导力的 5 个层级》（10 周年纪念版），对领导力的分析更是入木三分。什么才是最好的领导力？领导力是如何产生的？一个企业的管理者和创始人，如何才能不断提升自己的领导力，努力的方向又在哪里？如何达到炉火纯青的地步？读完这本书你会豁然开朗。在领导力的职位、认同、业绩、育人、巅峰五个层级中，每一个层级也许都是领导者不可或缺的，但重要性的不同也是一目了然的。只有那些入道层级的领导者，才能够达到不战而定天下的境界。

俞敏洪　新东方创始人、新东方集团董事长

我在“简约商业思维”中提出，企业家必须具备领导力、洞察力、决策力、执行力四个方面的能力，我分别冠以家国情怀、学者智慧、商业思维、江湖行动来形容，而领导力是其中极为重要的一个方面。我做企业领导团队时，80% 的时间都在与人沟通，其他技术、销售、财务之类的事都由专业的人才负责。领导者就是要知人善任，发挥领导力，让团队形成统一的认知、紧密的情感和自发的行动。

领导力是日积月累、逐步提升形成的，既不可能天生就拥有，也不可能一步达到最高境界。麦克斯韦尔先生把领导力的境界分为 5 个层级，并提供了稳步提升的具体路径，这与我对领导力的认知不谋而合。常读这本书，并在企业经营管理中加以实践，你就会逐步提升领导力的境界，影响和感召更多优秀的人才，携手共创美好未来。

徐井宏　简约商业思维创建者、
中关村龙门投资有限公司董事长、清华大学教授

领导者来来往往，但不应该只有一张面孔，领导力因稀缺才独特。领导力大师约翰 · 麦克斯韦尔在这本书里，为我们揭示了如何塑造个人领导力的五个阶段——职位、认同、业绩、育人、巅峰，以及不同阶段所对应的能力要求与解决方案。管理者需要不断修炼自己的领导力，通过升级领导力密码来帮助你带领团队，更好地驱动团队拿到结果。

真正的领导力并不是职位和头衔，并非源自地位的威权，那只是最低层级的领导力。管理者以身作则，与团队共启愿景、挑战现状、砥砺前行，在这个过程中感召员工、辅导员工、拿到业绩。因为自己的领袖特质而让人们甘愿追随，这是领导力的巅峰，而这些都可以通过修炼来获得，是一个持续进步的过程。

张丽俊 **创业酵母创始人、知名组织创新专家**

想成为卓越的领导者，一定要读约翰 · 麦克斯韦尔；读约翰 · 麦克斯韦尔，一定要读他的《领导力的 5 个层级》。10 周年纪念版是一部完美的领导力发展指南，它可以让你清晰地识别出自身所处的领导力层级，鼓励和指引你不断向更高层级的领导力迈进，从而开启真正的领导力成长之旅，最终登上领导力的巅峰。

宫玉振 **北京大学国家发展研究院管理学教授、**
BiMBA 商学院副院长

领导者能否发挥影响力的首要因素是要对自己有清晰的定位，只有这样才能把时间和精力聚焦到能够发挥影响力的领域，展现有影响力的行为，做出有价值的贡献。本书从领导力 5 个层级的角度出发，为领导者找到自己的定位并发挥影响力提供了有力的视角。坚持长期践行领导力 5 个层级的精髓，能夯实领导者持续发挥影响力的核心力量，为时刻准备承担重任打下坚实基础。

孙贺影 **美国领导力发展中心（LMI）资深教练、**
北京学悟做管理咨询有限公司总经理

和麦克斯韦尔老师相识，始自多年前他的一次新书推介会，我们也因此成了其“价值领导力”新项目的合作伙伴。《领导力的5个层级》（10周年纪念版）是作者最近十年的网络教学和现场教练的智慧总结，系统地提出了最重要的两项领导力原则：其一是“目标—方法”系统；其二是价值观。麦克斯韦尔老师的数十本领导力著作，无论是谈方法或策略，全都根植于深层的价值观信仰。

林永青 价值新经济智库 CEO

约翰 · 麦克斯韦尔所强调的“因为一切事物的兴衰取决于领导力的到位或者缺失”，在当下变得更加真实和迫切。《领导力的5个层级》（10周年纪念版），就是帮助领导者通过一个可实践的行动计划，一步步地达到领导层级的巅峰；人们跟随你，是因为你所信服的原则和内化价值观。在通向这个巅峰的过程中，你不仅创造了组织的业绩，还培养出更多的高层级领导者。

郑志文 北京启承转合管理顾问有限公司董事长

在微软工作期间，曾拜读过麦克斯韦尔的这本经典著作。2006年，有幸在北京大学朗润园万众楼听麦克斯韦尔的讲座，惊诧于现场前四排座位全都预留给了特地从外地甚至国外赶来的听众。坐在第五排的我居然也得到了提问机会，向麦克斯韦尔本人请教了领导力5个层级的问题。印象最深刻的是他那句“Leadership, is influence！ No more. No less”（领导力的本质是影响力！无他）。

林毅 微软公司、三星公司原高管

推荐序
领导力的“赐也回也”

领导力开发，不只是企业家、管理者需要，还要面向更广大的人群，需要大量的普及工作。用生动活泼的语言，讲清楚一些领导力的基本道理，让人们能够接受，并采取有效的行动去实践，去提升自己的领导力，改变自己的工作和生活。这是功德无量的好事情。约翰•麦克斯韦尔和他的演讲、畅销书，在这方面的努力影响着很多人。

读这本书，你真的就好像是在现场听他生动的演讲，旁征博引，带你入境，让你振奋，但“知道他的名言，与听他本人讲述存在着天壤之别”——这是作者记录自己有缘去请教伍登教练时所说的话。如果让我形容一下第五层级领导力的一个突出特征的话，那么就是 lead（领导力）、love（爱）、life（人生）和 learn（成长）的融为一体，不是 to know（懂得），to do（擅做），而是 to be（我是，本来）。

也不用担心值得“拿小本本记下来”的句子、段落太多，这本来就是一本可以不时地拿起，读进去时会将自己代入，许多内容会引发属于你的深思，常读常新的书。其中的很多例子，可以结合上你的观察和体认，换成你做过的，或者你见过的例子，你自己的故事。那将是本书之于你的定制版，你与约翰•

麦克斯韦尔合著的新作。

作者自陈，十年纪念版并没有做重大的内容调整，我想也是因为作者的这个框架，经受住了时间和实践的检验。最核心的，就是五个层级的划分，对每个层级的特征、利弊的揭示，以及如何向着更高层级的领导力发展、成长。

五个层级，在英语中，作者选择了五个首字母为P的字眼：Position，Permission，Production，People Development，Pinnacle。可以这么说，这五个字眼，作者希望能够直指人心，听众、读者能够过目不忘，能够清楚明白地再转述给其他人听，发挥某种魔力。其中Position、Production、People Development三个一听就懂，而Permission需要一点儿解释和理解，然后你会发现尤其传神。

这却给翻译和在中文语境中传播影响带来了大挑战。如何把英文中的五个层级所对应的五个词，用恰如其分的、并同样易于传播的中文词，达到同样的效果呢？我想象的到译者的悉心推敲琢磨，最后用的是：职位、认同、业绩、育人和巅峰，相信也会得到中文读者们在此基础上的口口相传。

讨论层级以及相互之间的关系，让我想起了《论语》中的一段问答。

> 子谓子贡曰："女与回也孰愈？"对曰："赐也，何敢望回。回也，闻一以知十；赐也，闻一以知二。"子曰："弗如也，吾与女弗如也。"(《论语·公冶长》)

夫子与弟子的对话，一直都是很合适的领导力读本。对比一下约翰·麦克斯韦尔用在第五层级的"巅峰"（Pinnacle）这个词，不妨理解其为"终其一生的攀登"之意，而他们自己，则真诚地认为“吾与女弗如”，见贤思齐。

“层级”是一种讲故事的方式，直观易懂，易于流传，去掌握大众。但真实生活中，领导力的各种方式往往是各擅胜场，各扬所长。在不同的情境下，不同的挑战，各异的对象，解决问题达成目标，帮助和影响他人，也会用到不同的领导力方式。外行看热闹，要分出个高低，而真正在其中担当责任者，却只是在意哪种更恰当、管用——而对领导力而言，更常从长期的、全局的、立人的角度来评价恰当和管用与否。

所以说，“赐也回也”，层级，是个巧喻，启发人们认识到领导力有着值得持续追求不断开阔的气象境界。作者也在书中提醒说，高一层级并不意味着对低层级的代替，更不是抛弃，你生活中、工作中遇到不同的人和事，可能你会处于不同的层级中。比如说，你与自己的上级或者下属之间也许通过业绩产出而收获影响力，但是对于你自己的家庭成员，却并不天然就能得到 permission（认同、关系）。记得李安接受一次采访时说，对于家人，我们需要付出努力才能赢得（earn）他们。否则，很多人，对家人而言，可能只是第一层级——“终其一生只是长得像而已”。

所以，如作者坦言，领导力的开端其实是第二层级才开始（“第一层级不怎么能算作是领导力”），第二层级强调的是人和人之间的关系、动力，超越第一级领导力所依赖的职位和权力，强调的是持久信任的建立。

很多领导力理论对于做出业绩成果都强调的不够。你想想，你能影响别人，大家关系健康、融洽，并不是为了组成一个联谊会、俱乐部，自娱自乐，而是为了带来正向积极的变化，创造超乎寻常的成果。大家一起努力干得好，看得见成果，有奔头才有劲头，更愿意一起接着干，对组织和领导者也更有信心。这是第三层级领导力的实在价值。

“我教的是孩子，而不是数学”，这是作者引用的一位“觉悟”了的数学老师的话。育人（People Development）这一部分写得尤其精彩。我跟组织高管讨论生涯成长时，概括过这样的路径，从业务完成（business runner）、价值创造（value creator）到意义分享（meaning sharer）和育人立人（people developer）等，很多人都会认为自己的满足很多时候来自于助人成长所得到的成就感和快乐。今天的组织总是希望取得指数型的增长，帮助和造就更多的组织成员成为更有效的领导者，这就得让领导力作用指数级地放大，通过成体系而不是偶发的“青出于蓝而胜于蓝”，组织和社会才会有无限生机。这是第四层级领导力的奥秘。

而在诠释第五层级领导力时，作者选择了伍登教练作为楷模，可以说是本书的顶石（capstone）之笔。作者也回忆到伍登教练的成功金字塔模型对自己的启发。伍登教练认为他所教授的价值观比篮球（技术战术）重要得多，认为“竭尽全力，达己最佳而感到自足，由此得至内心平静，谓之成功”。我在介绍伍登教练所著的《教导》一书时说，“伍登教导力”的核心理念，即“冠军并不是衡量成功的标准，最大化地发挥了所有个人的潜力才是”，让很多他的学生、队员走出了一生一世而非一场一季的成长成功成人之路。

倘要结合领导力的发展，给约翰·麦克斯韦尔的理论再加一个领导力层级的话，我想我会选择 Purpose（意义）——我也选了个 P 打头的字呀。作者讲述如何帮助他人从第四层级提升到第五层级时，引用了他所读到的罗伯特·托马斯的文章，讲到“磨难时刻”[我过去在介绍罗伯特·托马斯的《极客与怪杰》《领导力熔炉》时，更多用“熔炉”（crucible）这个概念]的关键作用。作者概括了自己经历过使自己产生重大领导力突破的六个“熔炉”，实在是精彩，剧透在这里：开辟新路（Ground Breakers）、打破僵局（Ice Breakers）、拨开云雾（Cloud Breakers）、斩断关系（Tie Breakers）、面对心碎（Heart Breakers）、打破纪录（Record Breakers）。我想“熔炉”很重要的一个产出，就是收获意义感，这会是我们定义自己、帮助他人、带领组织、贡献社会的一个重要基础。

五个层级，“赐也回也”。上下求索，止于至善。

杨斌

清华大学经济管理学院教授，领导力研究中心主任

译者序
最有影响力的领导者是去成就他人

《领导力的 5 个层级》的作者约翰·麦克斯韦尔（John C. Maxwell）是享誉美国的领导力和人际关系大师。他的思想对北大国发院 BiMBA 商学院的学生产生了深刻影响。从 2002 年到 2006 年，BiMBA 每届 MBA/EMBA 学生到郊区做团队拓展时，必读麦克斯韦尔的著作。他的书籍帮助学生们建立愿景、使命和价值观，制定能力、品格、忠诚度等素养提升规划，使他们认识到"态度就是一切"。2006 年，麦克斯韦尔先生亲自来到北大国发院朗润园给 MBA 学生做领导力报告，给师生们留下了深刻印象。随同他从美国来到北大的还有十几位 50 岁左右的义工，大部分是跨国公司总裁，追随他到天涯海角，以观察他的言行，改善自身领导力，增强自身影响力。

这本《领导力的 5 个层级》堪称麦克斯韦尔思想的精髓，10 年前初次出版就在海外引起了轰动。这本译著是该书的 10 周年纪念版，其核心思想是"领导力就是影响力"。这是对领导力恰如其分的一种表述，扩大对他人影响力的模式就是学习成长为领导者的模式。世界各地的领导者都在见证着这种模式在各领域、各行业、各公司中一次又一次地发挥作用。企业要从平凡走向卓越，首要的条件就是领导力发展，《领导力的 5 个层级》为领导力发展提供了阶梯式的动态目标。领导不仅是一个职位，更是一个过程。麦克斯韦尔向我们展示了五层级领导力以及随之而来的不同级别的影响力。本书还提供了领导力自测工具，使读者能对自己的领导力层级做出正确判断，故是一本自我指导、发展领导内驱力的经典著作。

第一层级领导力——职位，这是所有领导者的起点。

第二层级领导力——认同，在这一层级通过建立和发展人际关系去领导。

第三层级领导力——业绩，你需要通过业绩去赢得团队的信任和声誉。

第四层级领导力——育人，要发展公司，就要发展和培育人才。

第五层级领导力——巅峰，领导力的最高境界，领导力成为永恒的精神之力。

无论身处何处，人们都希望被尊重和被倾听。但领导并不像我们大多数人想象的那样仅仅是一个职位，它其实是一个过程，并非你取得后就会永远拥有的东西，因为领导力一直在演变，永远在改变。领导力不仅仅是让别人听你的，更是要发展影响力，最终实现变革，并使每个人都受益。在《领导力的5个层级》一书中我们可以学习到领导力的原则，以及为什么领导力不仅仅是非黑即白的。

第一层级是职位领导力。人们跟随你是因为他们不得不这么做。第一个层级的领导者根本不是真正的领导者，因为在这个层级上你没有任何影响力。你只是拥有一个较高的等级职位，而职位并不代表领导力。

第二层级是认同领导力。在这一层级，领导者专注于建立人际关系。一旦你步入该层级，人们就不会因为必须要跟随你而跟随你，他们跟随你是因为他们发自内心地愿意跟随。在这一层级，你更加专注于去了解他人，你能理解他们到底是怎样的人，并且在这个阶段你能和他们建立良好关系。第二层级领导者善于倾听、乐于观察和不断学习。所以真正的领导不是一个名词，而是一个动词。领导者同时具有一种服务的态度。老板和领导者的主要区别是员工为老板服务，而领导者为员工服务。

第三层级是业绩领导力。领导者的业绩创造能力充分体现出他的专业能力和水平。这种专业精神和能力是员工真正愿意跟随你的基石，也是为员工、团队和组织带来福祉与发展的关键要素。

第四层级是育人领导力。要发展公司，就需要发展人，培育新的领导者。在这个层面上，你给你的员工提供全方位支持，使他们能够更好地完成工作，并最终成为新的领导者。这需要你了解员工的长处和短处，并给他们提供支持，使其工作变得更有效。在这个层级，你是领导力的导师，你为下属授业解惑，使他们脱颖而出。麦克斯韦尔坚信："领导者不需要发展公司，而需要关注人的成长。"

最后也是最高的层级为巅峰领导力。作为第五层级领导者，人们追随你是因为你的个人魅力，以及你所代表的精神，这需要用一生的时间来实现。大多数处于这个水平的人，都是在职业生涯的后期实现的，因为他们的影响力已经远远超出了自身行业，建立了可以传承的领导力精神。在第五层级，人们爱戴、尊重和钦佩领导者。

"成为一名领导者，是聚焦于他人而不是自己。"这种成就他人的领导者就是最有影响力的领导者，也是麦克斯韦尔所认为的领导者的核心特质。正如本书中所言："如果你认为你在领导，但没有人追随你，那么你不过是在散步。"

杨壮　王进杰

2022 年 3 月于北京大学承泽园

10 周年纪念版前言
十年，五个层级，一个永恒的真理

书籍不受时间的影响，这一特质令我爱恨交加。今天，你拿起一本几十年前写的书，除非作者进行过修订或其他重大修改，否则你会与这本书的第一批读者看到基本相同的内容。

对一部小说来说这是优点，但在我的世界里，这一点令我无法忍受。

我是一个成长中的学生。几十年来，我一直把个人成长作为我做人准则的基石，这不仅能让我成为一名有效的沟通者，而且使我超越过去的想法以及写过的东西。我最近修改了我的一本旧书，更新了其中近 80% 的内容，因为在完成第 1 版之后的这些年间我学到了很多！这就是书籍会让我恼火的原因——五年或十年后，我再读自己写过的书，就会看到很多需要修改的地方，因为自出书以来我又学到了很多！

当哈切特（Hachette）建议我出版 10 周年纪念版的《领导力的 5 个层级》时，我也有同样的预感。这本书出版已经 10 年了。尽管它已经成为公司培训和战略分析的框架，但在这几年里，我仍然不断成长并学到了很多东西，我希望书中很多内容也有重大改变。

事实证明，我没有做出巨大调整。并不是因为这本书十全十美，而是因为它建立在我所有领导力理念中最精准的理论基础上，即“领导力就是影响力”，这是非常精妙的一种表述。扩大对他人影响力的模式就是学习成长为领导者的模式，而我和我的团队见证了这种模式在各种领域、各种行业、各种无序状态的公司中一次又一次地发挥作用。

一旦你为人们提供了正确的领导力框架，你就为他们提供了一种讨论领导力的共同语言，从而推动领导力文化的发展，不断培养出优秀的领导者。

最近，当我思考《领导力的 5 个层级》以及“领导力就是影响力”这一理念时，我意识到这本书之所以在今天仍然适用，是因为它并非植根于一种时髦理念，它的根基也不是研究或发展证伪的理论或知识。这个理念植根于智慧，而智慧是永恒的。科学研究揭示未知的新信息，知识则会随之发生变化，但智慧的影响力永恒，超越时空。《领导力的 5 个层级》就是这样一本书。正如它对 10 年前第一批读者的意义一样，这本书中来之不易的智慧仍然会对当今时代的领导者产生深远的影响。

《领导力的 5 个层级》在当下与过去具有同样的生命力和价值，我不仅会继续传授这样的智慧，而且会在生活和工作中践行。对我而言，这本书的价值已经持续了 40 年，我希望它对你有着同样的作用。所以，请继续努力，尽你所能，不断学习。每当你需要的时候，就重温这本书，它会带给你“常读常新”的收获。

我们现在比过去的任何时候都更加需要领导者。但我们需要的是植根于良好价值观的领导者——他们重视人的价值，并且给人带来价值。《领导力的 5 个层级》就是成为这类领导者的路线图。

目　录

01
第1章
为你的人生制订领导力行动计划

我对领导力研究充满激情，对领导力的讲学也是如此。我花了三十多年时间帮助他人了解我对领导力本质的认知。在过去的几年里，我曾去过六大洲进行领导力教学。这一学科的知识取之不尽，用之不竭。为什么会这样？因为一切事物的兴衰都取决于领导力的到位或者缺失。如果你想给世界带来积极影响，学习如何改善领导力可以帮助你实现这一目标。

在我开展领导力教学的这些年间，有一个主题格外受欢迎，我也应邀在全世界多个国家的多个地方就此做过多场讲座，其中包括西点军校（West Point）和微软（Microsoft）公司。讲座阐释了领导力的运作方式，并且给出如何通过学习“五层级领导力”的行动策略成为领导者。

自1976年以来，我坚信一切事物的兴衰都取决于领导力是否到位，由此踏上了领导力之旅，至今仍在路上。我开启这段旅程的方式是提出一系列问题。你如何定义领导力？领导者是什么？领导力如何运作？很遗憾，人们的回答往往缺乏建设性。一些人认为领导力等同于领导职位。但据我所知，一些身居要职的人并不是好的领导者，而一些优秀领导者也许根本没有领导职位。难道你没有同样的感受吗？人们谈及领导力便说：“我们不知道怎么描述领导力，但是如果我们看到了，就能辨认出来。”尽管这可能是实话，但它无法帮助人们学习如何进行领导。

我早期得出的结论是：领导力就是影响力。如果领导者能够提升对他人的影响力，他们领导的方式就会更加有效。在我进一步思考时，一个有关领导力运作方式的概念在我的脑海中逐渐成形。我用了五年的时间完善这个概念，即五层级领导力。从那时起，我一直在传授这一理念。每当我讲课时，大家总会问："您什么时候才会就这一主题出本书？"如你所见，我终于对这个问题做出了回应。

• • •

获得实用的领导工具

很多人的书架上都有关于领导力的书。

你为什么应该读这本书？因为它确实对培养领导力有效果。从小型企业到《财富》100强公司，各种规模和不同类型的公司领导者都接受了这个五层级领导力培训。它同时也被用来帮助非营利组织了解如何领导志愿者。全世界120多个国家都开设了这门课程。每次当我谈论起五层级领导力时，大家都会提出各种各样的问题并各抒已见。这些都有助于五层级领导力变得更完善，得到进一步发展。事实证明也的确如此。此外，五层级领导力还具备以下几个优势。

五层级领导力勾勒出清晰的领导力画像

如何掌握领导力？对那些没有相关天赋的人来说，领导力可能是个谜。对他们来说，领导他人就像在黑暗中摸索前行。

他们知道自己想去哪里，但他们看不见前方，也不知道哪里存在问题和陷阱。对学术界的许多人来说，领导力是一个理论概念，需要通过数学变量和方程式进行探索、研究和深入讨论。相比之下，五层级领导力更加直观易懂，便于大众学习。

五层级领导力把领导视为动态过程，而非静止状态

领导力是过程，不是职位。人们曾经认为领导和管理这两个词可以相互替换，但是目前大多数人已经认识到两者之间的显著差别。当人和事物处于静态时，管理者可以充分发挥其职能，而领导者需要面对的则是不断变化的人和事物。所以，领导力从不是解决静止问题的。领导力的挑战在于创造变化和促进增长。这些目标只能在动态中实现，而正如下文所示，领导力层级在动态中不断升级。

> 领导力是过程，不是职位

五层级领导力把“如何领导”分解为易理解的步骤

领导力这个话题可能会让人不知所措。领导力从哪里开始？我们应该先做什么？我们应该采用什么流程？我们如何产生影响力？我们如何培养高效团队？我们如何帮助下属，使他们成长为领导者？五层级领导力用可理解的步骤回答了这些问题。

五层级领导力为领导力发展提供了清晰的行动计划

当领导者开启自己的领导力之旅时，往往会给自己设计一

条职业道路，但他们应该考虑的是如何发展自己的领导力！有效领导力不在于提升自己，而在于提升团队。五层级领导力为领导者成长提供了清晰步骤。如果你能够以有效的方式领导他人，并帮助团队成员也成为有效的领导者，那么，你走上成功的领导道路几乎是必然的。

五层级领导力使领导实践、原则、价值观保持一致

在提出这五个层级时，我把每个层级都视作一种可以用于更有效领导的实践方案。随着时间的推移，我践行并传授这些层级观点，并意识到它们实际上是原则。区别在于：实践在一种情境下有效，而在另一种情境下未必有效；原则是与物理定律一样可靠的外部真理。例如，所罗门（Solomon）说："回答柔和，使怒消退；言语暴戾，触动怒气。"他阐述了一个普遍而永恒的原则。原则很重要，因为它们就像地图，指引我们选择正确的方向。如果我们接受一项原则并将其内化，它就会成为我们价值观的一部分。五层级领导力时刻在影响着我如何践行领导力。

• • •

五层级领导力概览

后文分别介绍了领导力的五个层级。你将从中了解每一层级的优势、劣势、最佳行为，帮助领导者提升到下一层级的信念，以及该层级与领导力法则之间的关系。如果你已经熟悉了领导力法则，通过观察它如何与五个层级结合在一起，你将增进对它的理解。而即使你并不了解领导力法则，你也会理解每项法则背后的基本概念以及适用情况。每个层级都有一个成长指南。然而，在我们深入探讨这些层级之前，我想先介绍一下它们的概况以及它们是如何结合在一起的，并分享一些关于这些层级的见解。

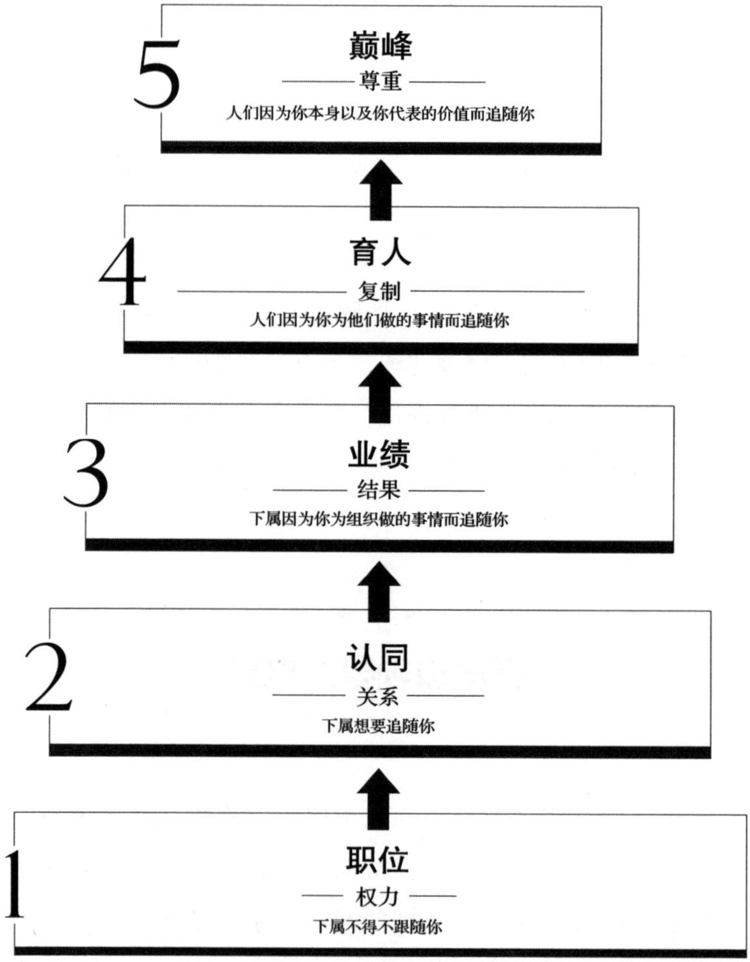

第一层级：职位

职位是领导力的最低层级——入门层级。依靠职位的领导者只能够产生头衔所带来的影响。人们追随他仅仅是因为不得不这样做。职位领导者以职位和头衔赋予的**权力**为基础。拥有领导职位本身没有错，但利用职位让人们追随是完全错误的。职位无法代替影响力。

处于第一层级的人们可能是老板，但绝不是领导者。他们有下属，而非团队伙伴。他们依靠规章制度、政策和组织纪律来控制员工。他们的下属只会在规定的职权范围内服从他们，通常只做他们被要求做到的事情。当职位领导者要求下属付出额外的努力或时间时，他们往往无法得到想要的结果。

职位领导者通常难以与志愿者、年轻人和受过高等教育的人合作。为什么会这样？因为职位领导者没有影响力，而上述群体往往更独立。

职位是唯一不需要能力和努力就能达到的层级。任何人都可以被任命到某个职位。

第二层级：认同

第二层级领导力完全基于人际关系。在认同层级上，人们跟随你是因为他们想要这样做。当你喜欢下属并把他们当作有价值的人对待时，你就开始对他们产生影响，培养了他们对你的信任。无论是在家里、在工作中、在休闲娱乐中，还是在做志愿工作时，工作环境都会变得更加愉悦。

> 你可以喜欢一个人但不领导他。但是，如果你不喜欢一个人，那么一定无法领导他。

第二层级领导者的任务不是巩固自己的地位，而是了解追随他的人，弄清楚如何与这些人相处。领导者了解他的下属，而下属也了解他们的领导者，由此建立起坚实、持久的人际关系。

你可以喜欢一个人但不领导他。但是，如果你不喜欢一个人，那么一定无法领导他。这就是第二层级的核心思想。

第三层级：业绩

认同层级的潜在危险之一就是领导者可能止步于此。但好的领导者不仅仅要创造一个愉悦的工作环境，还要有能力创造业绩！这就是为什么他们必须升级到基于结果的第三层级领导力——业绩。在业绩层级，领导者获得了影响力和公信力，下属因为领导者为组织所做的一切而追随他们。

当领导者达到第三层级时，许多积极的事情会发生：任务完成，士气高涨，利润上升，人员流动降低，目标实现。也正是在第三层级，激励开始发挥作用。

在这个层级上，领导他人和影响他人变得更加有趣。众所周知，成功和生产力可以让许多问题迎刃而解。正如传说中的前美国国家橄榄球联盟（NFL）四分卫乔·纳马斯（Joe Namath）所说："只要你赢了，一切都好办。"

在第三层级，领导者可以成为变革的推动者。他们可以面对并解决棘手的问题。他们能够做出艰难的决定，从而产生影响力。他们可以将员工效率提高一个档次。

第四层级：育人

领导者之所以伟大，不是因为他们的权力，而是因为他们能够给他人赋能。这就是领导者在第四层级所做的事情。他们利用自己的地位、关系和业绩对下属进行投资，推动其发展，直到这些下属也成为领导者。这么做带来的结果就是领导者能够实现自我复制。

> 领导者之所以伟大，不是因为他们的权力，而是因为他们能够给他人赋能。

业绩可以赢得比赛，但育人才能得到冠军。在第四层级上，首先是团队合作达到很高的水平。为什么会这样？因为对员工的大规模投资增进了人际关系，帮助员工加深了相互了解，并增强了员工忠诚度。其次，是业绩得到提高。为什么会这样？因为团队中有更多的领导者，他们帮助彼此提高了绩效。

第四层级的领导者改变了员工的生活。人们追随是因为领导者的所作所为让每个人受益。领导者和员工之间的关系往往持续终生。

第五层级：巅峰

最高和最难达到的领导力层级是巅峰领导力。虽然大多数人可以通过学习达到第一至第四层级，但达到第五层级不仅需要努力、技能和意愿，还需要很高的天赋。只有天赋异禀的领导者才能达到这一高度。第五层级的领导者有什么特征？他们会把下属培养成第四层级领导者。

如果领导者尊重他人、令人愉悦且做事富有成效，他们就可以对他人产生一定程度的影响力，并相对轻松地获得追随者。然而把追随者培养成独立的领导者十分不易。大多数领导者不愿意这么做，因为这比简单地领导他人要付出更多。培养领导者，使其能够并愿意培养其他领导者，这是所有领导任务中最困难的一项。但回报是值得的：第五层级领导者能够培养第五层级的组织，他们创造了其他领导者无法创造的机会，把文化传承留给了组织。人们跟随是因为他们本身以及所代表的价值。换言之，他们的领导力享有良好的声誉。因此，第五层级领导者往往超越了自己的职位、组织，甚至行业的界限。

深入了解五层级领导力

在了解这些层级之后，我要在本节对这些层级之间的相互联系进行阐述。

你可以向上一个层级提升，但永远不能抛弃前一层级

既然你已经了解了这些层级的基本信息，你可能会有如下猜想：一个领导者向上攀爬，就像爬楼梯一样，离开一个层级而后到达下一层级。但事实是，在你到达某个层级后，你永远不会把它抛在脑后。相反，你只是在它的基础上不断发展。思考一下，你会发现这是合理的。如果你从一个领导职位开始做起，在与你所管理的人建立了关系后，你就会为此辞职吗？不会的。你不会为了提升层级而辞去职位，但如果你成功地到达了第二层级，就再也不需要依赖职位去领导他人了。

一旦你与人们建立了关系并提高了工作效率，你会放弃或忽视这些关系吗？最好不要！如果你这样做了，就会发现自己又回到了第一层级。

领导者不会用一个层级交换另一个层级，而是在上一个层级的基础上添加了一个新的层级。这是一个建设性的过程。

你不是和所有人都处在同一个层级上

领导力是动态的，它会随着不同关系的变化而变化。这同样适用于五层级领导力。我和工作中接触的五个不同的人有可能都处于不同的层级上。刚刚接触工作的人只会承认我的职位，而受到我帮助成长起来的人和我培养出来的领导者则可能会认为我处在第四层级。如果我在家里是个好父亲，我对我的孩子而言可能处于第四层级。如果我缺席了孩子的成长过程，那么我可能一直留在第一层级。对我隔壁的邻居而言，我可能在第二层级。

你是否曾与你的团队分享你的愿望，并让大家对某一项沟通内容给出多元性的反馈？你把这种多元性的反馈归因于什么？团队成员们的背景不同？不同的智力水平？不同的教育背景和培训经验？不同的性格？我相信所有这些因素都可能发挥作用，但通常影响最大的因素是对每个人而言你所在的领导力层级。人们会根据他们眼中你的领导力层级对你做出回应，随着情境变化而变化。

达到领导的某一层级与获取一个学位大不相同，和运动员打破纪录也不一样。在达到某一层级后，你不会丢掉它。这更像是每天都要参加一场比赛来证明你的实力，唯一的例外是巅峰层级。提升到第五层级的领导者，有时会因为其名誉而不仅仅是人际关系互动获得荣耀。但重要的是要注意，在任何层级上，领导者并不总是自动停留在那里。你必须努力工作使每个人认同你的领导力层级，而这一层级可能随时上升或下降。

层级越高，领导他人越容易

好消息是，当你努力提升领导力层级时，你会发现领导他人变得更为容易。每一次层级上升都能让你更有效地领导他人，因为你的影响力随着层级的上升而不断增加。随着你影响力的扩大，更多的人更容易跟随你，而有限的影响力必然导致有限的领导力。影响力越大，工作效率越高——这是常识。然而，不好的消息是：要提升领导力层级并不容易！否则，任何人都会成为第五层级领导者。

层级越高，提升到另一个层级所需的时间和努力越多

被授予领导职位（第一层级）与使下属认同你的领导力（第二层级）相比，哪个更难？答案很明显——第二层级更难，因为与人建立积极的关系需要时间、努力和承诺。从第二层级上升到第三层级呢？我相信，要保持业绩的持续增长比交朋友更难。想要进入能培养他人成为优秀领导者的第四层级，你需要投入更多时间，这就难上加难了。而要成为一名第五层级领导者更显得遥不可及，因为第五层级领导者不但能够培养领导者，而且他们又能够去培养更多领导者。

几年前，我看到过一幅汤姆·威尔逊（Tom Wilson）的 Ziggy（卡通人物名）漫画，主人公正走在通往成功的道路上，前方有个牌子，上面写着“准备停下来，缴纳通行费”。对任何一位想要将领导力提升至第五层级的人来说，这都是一个很好的建议。要想登上巅峰并不容易。每次你登顶都要有所付出。每当你想要提升领导力层级时，你都必须更加投入，付出更多，消耗更多精力。你的下属同样需要努力和付出。没有人不付出

大量努力就能取得伟大的成就。没有哪支队伍不做出牺牲、不竭尽全力就能赢得冠军。

升级很缓慢，但降级很快

正如我所说，提升领导力层级需要时间。曾有人问我：“我要多久才能成为第五层级领导者？”

我的回答是：“比你预期的时间要长很多。”相比摧毁，建造往往需要更多时间。想要提升领导力层级，你需要做很多正确的事情，但有时只因做错一件事，就会从原有层级迅速跌落。例如，和一个人建立良好的关系要花费很长时间。但一旦你做了某件事情，使对方失去对你的信任，这段关系可能瞬间就会彻底破裂。虽然一个人从原有领导力层级跌落的速度快到令人不安，但我希望你能从下面这一点中得到安慰：一旦你升到了更高的领导力层级，下面的层级就成了安全网。因此，你到达的层级越高，你的领导力就越稳固。例如，如果你在第三层级做出了一些糟糕的决定，破坏了你或者团队的工作效率，那么你已经建立的人际关系可能会让你免于被解雇。唯一没有安全网的是最低的领导力层级——职位。在这一层级上，你没有很多犯错的机会。这也是你应当努力提升领导力层级的另一个合理原因。

> 想要提升领导力层级，你需要做很多正确的事情，但有时只因做错一件事，就会从原有层级迅速跌落。

层级越高，回报越多

你可能会付出更多来提升领导力水平，但你也会得到更多。作为一名领导者，你的投资回报会随着层级的提升而增加。在第二层级，你赢得了员工的信任和领导权力。在第三层级，你可以提高组织的业绩。在第四层级，你可使业绩翻倍，因为每次你为组织培养出另一位领导者，你就为他所在的团队加足了马力。在第五层级，当你为组织培养领导者时，组织的发展水平和业绩将呈指数级增长。他们不仅领导他人，还会推动一代又一代的领导力发展，不断培养出新的领导者。

组织中的领导者越优秀，组织中的每个人就会变得越好。当业绩提高时，文化氛围会十分融洽。当员工士气高昂，组织势头强劲时，回报必然增加。

向上一层级发展，需要进一步完善自我

每当领导者提升到更高的领导力层级时，都需要掌握更强的技能。因此，成长的每一步都需要领导者的进一步发展。但这是一个好消息，因为领导力晋升到新一层级是领导者向上一级发展成长的平台。

原理如下：要想发展到一个新的层级，领导者需要冒险。在较低层级上，风险较小，领导者更容易成功。例如，要从第一层级提升到第二层级，领导者需要冒险建立关系。当领导者达到更高的层级时，风险会增大。例如，在第三层级，领导者可能会集结团队成员，试图实现一个崇高目标，但最终遭遇失败；这可能会损害领导者的信誉，削弱团队发展势头，降低团队成员的积极性。但好消息是：领导者在更高层级上所需承担的每一次风险都是其技能的自然延伸。当局外人看到一位领导者时，他可能会说："哇，他真的选择这样做，冒了很大的风险。"但那些观察者可能看不到领导者的成长。事实上，在不得不面对下一个风险时，领导者已经锤炼出了足够强大的承担风险的技能。

领导者的成长是自主成长与领导力经验的融合体。如果领导者仅仅依靠经验，而非有意识地为下一阶段的学习做好准备，他们将无法取得进步。另一方面，如果他们只做心理准备，而没有在风险与回报、尝试与错误中获取经验，那么他们依然不会进步。两方面都必不可少，此外还需要一些天赋。你虽无法决定自己拥有多少天赋，但可以决定如何利用天赋。

领导者的成长是自主成长与领导力经验的融合体。

这与运动员试图从大学运动员升级为职业运动员的过程类同。他们都有一定程度的天赋。帮助那些成功者的是自主努力和比赛经验。那些仅仅依靠大学经历的运动员往往无法成功，而那些在心理上和身体上都有所准备，却不具备实际比赛经验的人往往也无法如愿。成功需要二者的结合。

如果你有天生的领导才能，你可能对成长充满热情，喜欢看到事物发展，这是你天性的一部分，那么你就可以达到“随心而动”的境界。如果你没有那么多天赋，也不要失去希望。你可以成为一名主动性很高的领导力学生，从而充分利用每一个机会，弥补天赋上的欠缺。无论你采用哪种方式，请记住：任何一个领导力层级的成功都有助于你在其他层级取得成功。所以，努力工作，充分发挥出你所在层级的潜质，这会帮助你为未来做好准备。

不进行层级提升会限制你和你领导的人

《领导力 21 法则》（*21 Irrefutable Laws of Leadership*）中的盖子法则指出：“领导力决定一个人的效率水平。”简而言之，你完成任务的效率及与他人共事的能力总是受到领导力的限制。以 10 分为满分，如果你的领导力是 4 分，那么你的工作效率不会高于 4 分。此外，尊重法则表明："人们自然会追随比自己更强的领导者。"这意味着如果你保持 4 分的水平，就永远不会吸引和留住高于 3 分的领导者！①

领导力的挑战之一是当我们前进之时，追随者也在前进。发挥出我们的潜能也为其他人潜能的发挥创造了环境。当领导者不再向上一层级攀登时，我们要问两个问题："他们能改进吗"和"他们愿意改进吗"。有些人不能，因为他们已经达到了极限。其他人则继续进步。能力不是问题，选择和态度才是关键。如果人们愿意改进并且改变态度，他们就不会受到任何限制。

> 如果你保持4分的水平，就永远不会吸引和留住高于3分的领导者！

作为领导者，你不能改变过去，但可以改变未来。从今天起，关于你的领导力去向何方，你有了选择。如果你学会提升领导力层级，你的领导力就会得到提升。这将对你的整体领导力发展产生积极影响。然而，如果你选择不成长为一名领导者，你最好习惯于你现在所处的位置，因为你的情况不太可能得到改善。

当你的职位或组织发生改变时，你的层级往往会发生变化

当领导者换了工作，开始领导新的团队时会发生什么？如果你认为他会处于之前的领导力层级上，那你就错了。每次你领导不同的人，都会重新开始这个过程。如果你没有与他们合作过，他们就识别不出你是第四层级的育人型领导者。你需要

努力实现这一点。第三层级和第二层级也是如此。你要从第一层级开始工作。然而，好消息是：如果你和其他人一起到达过第四层级，你就已经轻车熟路了。因为你以前经历过这个提升过程，所以可以比上一次更快地得到提升。

每当你和一个新的团队一起经历这个过程，你就会变得更加熟练。在你重复的次数足够多之后，你不会因为不得不和其他人重复做这件事而气馁。例如，我在宗教界有25年的领导经验。那时候，我在四个不同的组织工作，在每一个组织中，我都必须与那里的人一起提升领导力层级。幸运的是，在这一领域，我能够与许多人一起达到第四层级，尽管其中很多人并不是这些组织内部的人员。然而，当我开始在商界讲授领导力时，一切都变了。我和很多人一样，处于第一层级。我没有因此而感到恐惧，也没有退却、气馁。我愿意证明我自己，并通过努力再次达到原有层级。而现在，15年过去了，我正享受着通过发展人际关系、做建设性工作和培养领导者而赢得的信誉。

职位领导者不愿意重新开始。因为他们认为领导是一个终点，而不是一个过程；是一个静止状态而非动态过程。他们想要维持所拥有的一切，希望一次成功。优秀领导者愿意重新获得领导地位，因为他们明白领导者的工作几乎总是要求他们不止一次从底层开始。

你不能独自向更高层级攀登

我最喜欢的一句格言是："如果你认为你在领导，但没有人追随你，那么你不过是在散步。"这一观点抓住了领导的真正本质，也展现了关于五层级领导力最重要的观点。要想成为一名成功的领导者，你必须帮助他人跟随你的脚步。如果没有人追随你，你就不能从第一层级提升到第二层级和第三层级。如果追随你的人不能提升层级成为优秀的领导者，那么你就没有达到第四层级。如果你要培养的人没有达到第四层级，而且你没有培养一代又一代领导者的经历，那么你就不能达到第五层级。其他人是你在整个层级提升过程中的一部分，关键就在于你如何帮助他们。正如贵格会（Quaker）领袖佩里（C. W. Perry）所说："领导力就是接受人们的现状，然后带领他们去某个地方。"这就是五层级领导力的内涵！

> 领导力就是接受人们的现状，然后带领他们去某个地方。

是时候去下一层级了

我相信你现在已经基本了解了五层级领导力及其工作原理。但我猜，现在你在问自己：我和我领导的大多数人处于什么样的层级？我这样推断是因为每次我讲授这五个层级时，人们都希望得到对这一问题的答案。

我马上会回答你的问题，但首先请让我说：了解五层级领导力以及你与每个人的关系将决定你如何领导他们。好的领导者不会以同样的方式领导每个人。为什么会这样？因为每个人都是不同的，你和每个人所处的领导力层级也不一样。有效的领导者与追随者的互动基于：

- 领导者与追随者所处的位置
- 追随者认为领导者所处的位置
- 追随者在其自身领导力发展中的位置

以上每个因素都会在你进行领导力评估并努力践行领导力时发挥作用。

我相信每个人都有能力提升领导力，成为领导者不是一件神秘的事情，可以通过领导力实践来实现这一点，每个人都有潜能提升到更高的领导力层级。

你的潜能是什么？你有能力和愿望成为第三、第四或第五层级的领导者吗？只有一种方法可以让你找到答案。接受领导力的挑战，尽最大努力进步成长，投入领导力发展之中。如果你愿意接受挑战，你永远不会后悔。提升领导力可以给世界带来积极影响并为他人带来价值，这是最佳选择。

我相信这本书以及每一个层级的成长指南，将为你提供前进方向并帮助你攀登到更高的领导力层级。好的读物能促进我们的成长，正如我的朋友齐格·齐格勒（Zig Ziglar）所说："我们巅峰见！"

02

第2章

领导力评估问卷：

如何评估你的领导力层级

这个问卷由四部分组成，旨在帮助你了解你在五层级领导力中所处的位置。我想鼓励你停下手中的书，立即花时间评估一下你目前的领导力水平。完成第一部分和第二部分并不需要花费太多时间。第三部分可能需要较长时间，因为它涉及其他人的参与，但不要停止回答问卷。第三部分的主要目的是验证你的直觉和自我感知是否正确。第四部分将让你深入了解你在团队中的总体表现，你应当在完成前三个部分之后再进行这一部分的内容。

如果你做了这些基础工作，那么在阅读本书其余部分时，你将处于一个有利的位置，便于你提升自己的领导力。

• • •

第一部分：领导力层级特质

第一部分适用于你的综合领导力。请阅读以下十条陈述，在每一个你认为正确的选项旁边打钩。根据第一反应回答。请不要跳过任何问题，也不要返回并修改任何答案。

第一层级

- □ 我不必提醒为我工作的人我是领导。
- □ 我认为我的每个员工都是一个独立的人，而不仅仅等于他的职能或角色。
- □ 大多数日子我都盼望着去工作。
- □ 我认识到，我得到的职位是一个学习的机会，而不是一块需要守卫的地盘。
- □ 我的员工愿意做超出他们工作范围的事情。
- □ 我认识到处理人际关系是领导工作的一部分，并且接受这一点。
- □ 我渴望更深入地了解领导力，成为一名更好的领导者。
- □ 我认为我的任务就是要完成工作，很少关注我的职业道路和我希望在这一过程中获得的职位。
- □ 我的主要目标之一是帮助为我工作的人。
- □ 大多数人觉得和我一起工作很容易。

如果有八条及以上陈述符合你的状况，那么你可能已经在第一层级上确立了自己的领导地位，并开始向更高的层级移动。那么，请你继续测试下一部分。然而，如果你没有达到八条，那么你可能还没有实现第一层级，这可能是你开始个人领导力发展工作的起点。为什么会这样？因为你所处的领导力层级只是最低层级。

第二层级

- □ 我所在部门或责任范围以外的人尊重我的意见，并经常征求我的意见。

□ 我知道自己的长处和短处，在工作中很少不知所措。

□ 我真的很喜欢大多数人，想帮助他们。

□ 我与我的员工互动具有一贯性且和谐。

□ 当我对我的团队成员做出承诺时，他们知道可以相信我，因为我值得信赖。

□ 我与所有为我工作的人建立了牢固的关系。

□ 和我一起工作的人，在绝大多数时间都觉得我讨人喜欢。

□ 当我需要与团队成员进行坦诚对话以纠正错误或解决问题时，我会坚持到底，并且不会浪费时间。

□ 我相信，员工们渴望得到的不仅仅是一天工作的合理报酬，还渴望得到鼓励，而我鼓励他们。

□ 我与所有为我工作的人都建立了关系。

如果有八条及以上陈述符合你的状况，那么请继续作答。如果没有，你或许应当把剩下的测试留到之后再做，因为你的答案表明你还没有达到领导力的第二层级，你的思维方式也不像第二层级领导者。如果你决定在此时完成下一部分，请注意，即使你在后续测试中勾选了八个或更多的陈述，也不意味着你处于更高的领导层级，因为你尚未完成第二层级。这同样适用于回答后续层级中的问题。

第三层级

□ 我在工作中始终能达到目标。

□ 优秀的人总是想与我和我的团队一起工作。

□ 人们把我视为所在领域的专家，并想要向我学习。

□ 即使我的上级没有为我设定目标，我也不断地为自己设定更高的目标并努力实现它们。

- □ 我在工作中的表现常常使团队达到更高的水平。
- □ 无论做什么，我都尽力而为。
- □ 其他人都在关注我的表现，并以我为榜样，这让我感到很舒服。
- □ 我以解决问题而闻名，经常完成困难的任务。
- □ 我的工作每天都很稳定。
- □ 我的行为模式和日常习惯能够帮助我高效完成任务。

如果有八条及以上陈述符合你的状况，那么请进行下一节。如果没有，则表明你还没有掌握第三层级领导力，你还不能像第三层级领导者那样思考。

第四层级

- □ 我定期并一贯为团队所有成员安排并跟进培训和发展。
- □ 当最后期限临近或工作变得紧急时，我们从不取消培训和发展课程。
- □ 我赋予人们能够充分发挥其潜能的责任和权力，并为此承担风险。
- □ 我每个月都要花大量的时间来指导未来的领导者。
- □ 我非常清楚我领导的所有人的长处和短处。
- □ 我以个性化的方式培训、发展和指导我的员工。
- □ 我将最具战略意义和最重要的指导时间花在能力、技能最强和潜能最大的人身上。
- □ 我曾经改变人们的职位，从而帮助他们找到适合自己的位置。
- □ 我不断地给人们反馈意见，而不仅仅是在正式的评论中才这么做。

☐ 其他人认为我的团队或部门是组织中最好的（之一）。

如果有八条及以上陈述符合你的状况，那么请进行下一节。如果没有，则表明你还没有掌握第四层级领导力，你还不能像第四层级领导者那样思考。

第五层级

☐ 我可以说出几个具体的人，他们在我的鼓励下经常对我说真话。

☐ 我正在利用我的影响力向我的组织传递价值观。

☐ 组织的发展路线由我或我所属的团队制定。

☐ 我培养了许多领导者，他们都是领导者的培养者。

☐ 我享受与一小群领导者的互动和友谊，我正与他们一起踏上领导力之旅。

☐ 我仍然处于行动的巅峰，我能够对我的组织产生巨大的积极影响。

☐ 如果我决定离开目前的职位，我至少能说出一个愿意接替我的人。

☐ 我在组织外有影响力。

☐ 我所在行业以外的人会向我寻求领导建议。

☐ 我正在将影响力和资源投入比我自己或我的组织所从事的工作更加伟大的事业中。

在领导力方面，你只能达到你所掌握的最低层级。所以我想提醒你，即使你在一个更高的层级上得分很高，但若你在一个较低的层级上得分很低，你的领导力实际上也在那个较低的层级上。在与人合作以提高领导力时，你需要注意这一点。

• • •

第二部分：领导者视角下的团队成员个人评估

针对你的直接下属，在以下表格中回答“是”或“否”。（在进行第三部分之前，请务必完成第二部分。）

1. 团队成员个人评估

成员姓名：______________ 日期：______________

第一层级

是　否　这个人承认你是他的领导。

是　否　这个人认同你所担任的领导职位。

是　否　这个人承认，你将自己的职位视为提升领导力的机会，而不是用于个人晋升的特权。

第二层级

是　否　除了工作，你还了解此人的家庭和个人生活。

是　否　你知道这个人的长处和短处。

是　否　你知道这个人的希望和梦想。

是　否　你致力于帮助这个人在工作中取得成功。

是　否　这个人信任你，你也信任他。

第三层级

是　否　这个人尊重你的专业能力和品质。

是　否　这个人需要你的建议和专业知识。

是　否　因为你的影响，这个人变得更有效率。

是　否　这个人会承认，由于你的领导，团队的工作效率变得更高。

是　否　这个人同意并支持你的团队致力于实现组织的愿望和宗旨。

第四层级

是　否　你为这个人提供了特定的培训，帮助他表现得更好。

是　否　你曾指导过这个人，或让他参与发展过程，帮助他成为更好的领导者。

是　否　这个人现在正在领导他人，因为你为他提供了当领导的机会和培训。

是　否　这个人一贯对你忠诚并支持你，不轻易怀疑你。

第五层级

是　否　由于你的投入，这个人不仅能领导他人，而且还培训他领导的人成为发展他人的领导者。

是　否　如果你辞职，这个人很有可能接替你的职位。

是　否　这个人是你的拥护者，与其他领导者一同支持你，使你在见到其他人之前就能赢得其尊重。

2. 评价

你可以从这个评估中得到两个信息：首先，根据答案，你可以了解自己在五层级领导力上与每个人的关系。如果在某一个部分中，“否”多于“是”，那么你和那个人的关系就没有达到该层级（低于该层级）。其次，你能了解到你在哪些方面需要努力改进。凡是回答“否”的条目，你都需要进一步努力。

• • •

第三部分：团队成员视角下的领导力评估

请让直接向你报告工作的每个人为你填写以下工作表。如果他们愿意，也可以匿名填写。评估标准与第二部分相同。

请注意，即使你是一个非常好的领导者，也可能有一名员工或志愿者认为你仅仅处于第一层级。你可以试着在第二层级上获得那个人的认同后再提升层级，但不能保证这个人愿意认同你。

领导力评估

领导姓名：______________　　　　日期：______________

请阅读每条内容，针对上述领导者，回答“是”或“否”。答案没有对错之分。此评估仅用于描述你与此人的互动（可以匿名回答）。

第一层级

是　否　你承认这个人是你的领导。

是　否　这个人非常适合担任他的领导职务。

是　否　这个人将领导职位视为提升领导力的机会，而不是用于个人晋升的特权。

第二层级

是　否　这位领导关心你的家庭和工作以外的个人生活，并定期询问相关情况。

是　否　这位领导知道你的长处和短处。

是　否　这位领导知道并尊重你的愿望和梦想。

是　否　这位领导致力于帮助你在工作中取得成功。

是　否　你信任这位领导，他也信任你。

第三层级

是　否　你尊重这位领导的专业能力和品质。

是　否　你依赖他的建议和专业知识。

是　否　受这位领导的影响，你的工作效率提高了。

是　否　你所在的团队由于他的领导才能更有效率。

是　否　你和你所属的团队为组织的愿望与目标作出了贡献。

第四层级

是　否　你接受了这位领导的具体培训，这有助于你表现得更好。

是　否　这位领导指导或培养了你，帮助你成为更好的领导。

是　否　由于该领导为你提供的机会和培训，你目前正在领导其他人。

是　否　你相信这位领导，不会轻易怀疑他。

第五层级

是　否　多亏了这位领导的投入和影响，你正在培训和培养其他领导。

是　否　你很有可能成功地接任你领导的职位，因为他帮助你做好了准备。

是　否　这位领导改变了你的生活，你与其他领导都支持他。

在完成这个评估后，请把表格交给作为评估对象的领导。

第四部分：当前领导力层级评估

	第一部分 #是	第二部分 #每个层级	第三部分 #每个层级	主导层级
第一层级				
第二层级				
第三层级				
第四层级				
第五层级				

通过以下操作，你可以获得领导力“画像”：

1. 在“第一部分”一列，记录你在评估的每个部分回答为“是”的数量。

2. 在“第二部分”一列，根据你对团队成员的评估，分别记录与你共同处于每一层级的成员人数。

3. 在“第三部分”一列，根据下属的回答，分别记录认为你处于每个层级的人数。

4. 现在横向相加。哪个层级领导的下属人数最多？人数最多的领导力层级极有可能反映了你目前与大多数团队成员所处的领导力层级。（这并不意味着该评估在科学上有效力，它只是一个让你更加了解自己的工具。）

在阅读本书时，请记住此评估结果。本书每个章节末尾的成长指南将帮助你提升领导技能，并与员工一起提升到更高的领导力层级。

03
第3章

职位 第一层级

此处风景美不胜收，但是不宜久留。

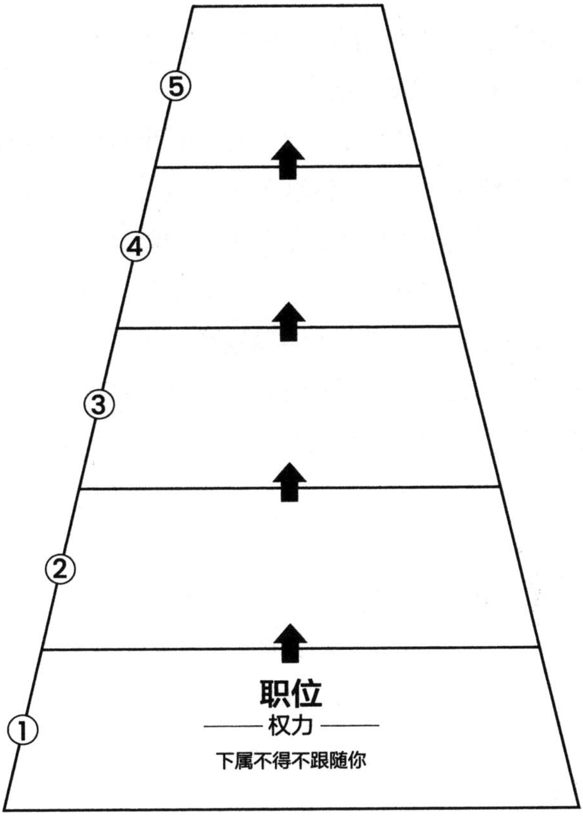

从传统意义上讲，领导力从职位开始，这正如人们入伍变成新兵，然后努力成为二等兵一样。一个人得到一份工作，随之而来的是一个头衔或职位描述：工人、销售员、服务员、职员、会计、经理等。职位是各个层级领导力的起点。它是领导力的最低层级，也是领导力发展的根基，真正的影响力必须以此为基础才能发展起来。

过去，人们非常依赖职位型领导者，世袭的领导权一度在家族内从父亲传给儿子（有时传给女儿），这是很普遍的现象。王子们成了国王，不论决策好坏，他们的决定就是法律。对大多数工业化国家来讲，那些日子已经一去不复返了。时至今日，仍有一些国家有国王和王后，比如像英国这样的国家，君主统治是在民众的准许下进行的，而实权领导者通常由选举产生。职位给了你一个机会，但它通常没有什么实权，除非在某些政体中，不服从领导的臣民将受到严惩。

身居领导职位本身并没什么了不起。一个人获得领导职位，通常是因为当权人士发现了这个人的才能和潜能。随着被赋予某种头衔和职位，领导他人的权力和一定程度的权威也随之产生。

职位层级是五层级领导力的根基。就像每个领导力层级一样，职位层级也有它的优势和劣势。让我们先看看职位层级领导力的优势。

• • •

职位的优势

【开启了领导力成长的征程】

正如不同季节的生活各有特色一样，每一层级的领导力也都有其优势和劣势。如果你是领导新手，刚被提拔到领导职位，那么有一些事情是值得庆祝的，我分享以下四个要点。

1. 领导职位通常授予有领导潜能的人

大多数时候，人们走上领导岗位是因为当权人士的授予或任命。这看上去是常识，但我们想想其中的含义：通常这意味着当权者相信新的领导者有一定的领导潜能。所以，如果你是领导新手并且被授权管理某个项目，这意味着当权人士信任你，这一点是值得庆祝的。

我对自己第一次被授予领导职位的情景记忆犹新。我被高中篮球教练任命为队长。那个时刻十分令人兴奋。得知内夫教练如此信任我，那种感觉直到今天我闭上眼睛还能回忆起来。

在宣布这一决定之后，他告诉其他球员，我是一个态度积极上进、训练刻苦努力的榜样。但后来，他把我拉到一边，解释说，队长的头衔仅仅是给我一个展示领导力的平台，这并不能保证球员们愿意认同我。他说我的责任是通过我的努力得到队员的认同。

最佳领导者依据领导潜能提拔新人到领导位置，而非出于其他考虑，如政治因素、资历、证书或个人便利等做出任命决定。加州大学洛杉矶分校传奇篮球教练约翰·伍登（John Wooden）是一位出色的领导者，他曾告诉我，在赛季的几场

> 不要告诉我你要做什么，做给我看！

比赛开始之后，他才会为球队指定队长。推迟任命的原因是想看看哪个球员会挺身而出，获得这个荣誉。经常有人引用他对球队说的一句话："不要告诉我你要做什么，做给我看！"

如果你刚刚获得一个领导职位，欢迎你踏上领导之旅的第一步。你拥有了领导资格，成为领导群体中的一员。你将有机会表达你的观点并做出决定。你的初始目标应该是向你的领导和团队证明你得到这个职位实至名归。

2. 领导职位意味着权威得到认同

当你获得一个领导职位和头衔时，某种程度的权威或权力也会随之而来。初始的权力十分有限，但这没关系，因为大多数领导者在领导力被证明之前只享有极为有限的权力，之后才可能获得更多权力。

再谈谈我的第一个正式领导职位——篮球队队长，之后我获得了一些新的特权。在比赛开始之前，我在中心球场与裁判和另一队的队长会面，讨论将要进行的比赛。我可以在比赛中叫暂停，也有机会征求教练的意见。每场比赛前后，我都会在更衣室与队员们交谈。我的头衔给了我认同和权威。然而，我也认识到这种认同和权威的局限性。正如《步兵杂志》（*An Infantryman's Journal*，1954）所说："只有当一个人得到士兵们头脑和心灵上的认同，他才是一位领导者。"

作为一名新的领导者，你必须明智地运用你被赋予的职权，提升团队成绩，帮助你的队员成功。如果你这样做，那么你的团队将赋予你更大职权。这种情况下，你获得的就是领导力，而不仅仅是一个职位。

3. 领导职位是对领导者的认同

在获得领导职位和满足职位要求之间始终存在一种关系。核心要求之一是要不断完善自我。我很早就从父亲那里学到了这一点，他喜欢引用这句话：“得到越多，就应付出更多。”他认为我们每个人在生活中都得到了很多，我们有责任学习和成长，以充分发挥出我们的潜能，从而贡献社会。

只有持续完善自我，五层级领导力之旅才会成功。如果你相信职位造就了领导者，那么你很难成为一个优秀的领导者。你会停下脚步，消磨时光，这意味着留在原地，踏步不前，享受这份工作带来的福利，而不是努力奋斗，不断成长，竭尽全力成为最好的领导者。

我经常会问一个团队：“想要提高组织效率，你们认为最需要改善的是什么？”人们的答案通常包括产品、晋升、政策、流程、程序、价格和员工。很少有人会说出最重要、最有影响力的那个答案：“是我！改变要从我做起，进而改善我们的组织。”这一答案很少有人说出，但这正是成功的关键因素。如果你想成为一名领导者，你就需要不断成长。改善一个组织的唯一途径就是使领导者不断成长并完善自我。如果想产生影响力，那么就从自己开始吧！

对一个组织造成最大伤害的领导者是那些认为他们已经到达终点的人。他们渴望头衔或权位，一旦得到，就会停止努力。他们不再创新，不再进步。他们满足于自己的特权，封闭了前进的道路。请你将成长作为你的奋斗目标，充分发挥出你的领导潜质。你要不断努力，持续进步。优秀的领导者总是好学上进。要成为一名卓有成效的领导者，就要相信你所获得的领导职位仅仅是领导者成长道路上的一小步。如果认识到这一点，并成为一名终身学习者，你将随着时间的推移不断扩大自己的影响力。不论潜能大小，你都将充分发挥你的领导才能。

4. 领导职位允许潜在的领导者塑造和定义领导力

对被任命了领导职务的人来说，最大的优势是他们有机会决定自己想成为什么样的领导者。他们被授予的职位可以被定义，但领导者本身不会被定义。

当你第一次承担领导职务时，你的领导力经历是空白的，你可以用任何你喜欢的方式填充这个空白。你想成为什么样的领导者？你不能消极被动，随心所欲。你必须认真思考这个问题。你想成为暴君还是团队建设者？你是以势压人，还是帮助他们成长？你习惯于发号施令，还是提出问题并与团队共同应对？你可以运用你熟悉的领导风格，这种风格与你的人格一致。

弗朗西斯·赫塞尔宾（Frances Hesselbein）是领导与领导学会（Leader to Leader Institute）的创始主席兼理事会主席，她曾经表示："领导力不在于你做什么事，而在于你是什么样的人。如果你把领导力看作是一系列操纵技巧和魅力的体现，试图以此攫取个人利益，那么被领导者自然只会关心自己的利益。但如果你的领导力来源于你的内在品质，诚信正直，积极向上，那么你有充足理由要求追随者为组织的使命奋斗终生。"

> 领导力不在于你做什么事，而在于你是什么样的人。

如果你是领导新手，或者刚刚登上你并不熟悉的领导岗位，现在正是你发挥领导风格的最佳时机。（如果你是一个充满经验的领导者，你当然可以重新评估你的领导风格并做出适当调整。当然，你要明白你所领导的下属有工作资历，这需要你克服他们对你领导风格的预期。）当你新官上任之时，你应该考虑以下三件事情：

我是谁

卓越的领导力建立在领导者良好的自我认知基础之上。迈克·阿伯拉肖夫舰长（Capt. Mike Abrashoff）在《这是你的船》（*It's Your Ship*）一书中写道：

> 简而言之，艰难的经历让我清晰认识到，有效领导力起源于自我认知。在这个基础之上，才能创建卓越的组织。领导者必须让下属的才能得到充分发挥。然而，大多数领导者阻碍下属潜能发挥的原因都是他们自身素质有所缺失，他们内心恐惧、超级自我、不良习气缠身。当领导者从深层次反思自己的内心和情感，重新认识自己之时，转变就会发生。①

成功的领导者将不断提升自我认知能力。他们清楚自身的长处和短板，了解自己的品性、气质。他们知道哪种个人经历对他们成长有好处。他们熟悉自己的工作习惯，清楚每天、每月、每季的工作节奏。他们欣赏那些与之和睦相处的人，也会同与他们关系不够融洽的人打交道。他们明确自己的方向，也知道如何实现目标。他们知道自己能做什么，他们的领导力是稳健奏效的。

深刻认识自我既不简单，也不会一蹴而就。这是一个漫长而复杂的过程，可能并不愉悦、舒适。但如果你想成为一名有效的领导者，这是必须经历的过程。自我认知是有效领导的基础。

我的价值观是什么

在一次关于“诚实的价值”的演讲中，作家马克·吐温（Mark Twain）曾讲过这样一个故事：“当我还是个孩子的时候，我在街上散步，碰巧看到一辆装满西瓜的车。我喜欢吃西瓜，所以我悄悄地从车上偷了一个。然后我跑进附近的一条小巷，咬了一大口西瓜。然而，这个西瓜没有熟。我毫不犹豫地做出了一个决定。我走回西瓜车，换了一个熟了的西瓜。”

美国的银行业出现了各种各样的问题：安然公司（Enron）的全面崩溃，及政治领导者的失败等。我们要明白，如果人们把价值观当作手推车上的西瓜，可以用来交换，那么什么事都可能发生。如果领导者缺失或无法坚守核心价值观，他们的行为势必会影响更多群体。

> 价值观是领导力的灵魂，是行动的驱动力。

价值观是领导力的灵魂，是行动的驱动力。在你成长为一名成熟的领导者之前，你必须清晰地认识到自己的价值观，并承诺在生活中践行这些价值观。价值观决定着你的行为，影响着你的领导方式。

当你反思自己的价值观时，我认为你应该确定你在三个关键领域的信念：

- **伦理价值观：**出于正确的理由做正确的事情意味着什么？
- **关系价值观：**你如何建立一个相互信任和尊重的工作

环境？

- **成功价值观：**哪些目标值得你为之奋斗终生？

如果你回答了以上问题，并致力于在这三个方面践行你的价值观，你就会成为一个正直的人，对团队成员富有吸引力，并使他们愿意追随你的领导。

不久前，民意研究公司（Opinion Research Corporation）针对一家会计与金融专业人力资源公司——Ajilon Finance 的一项调查证实了这一点。问卷让美国员工选出他们认为领导者最重要的特质。尽管对一些人来说，专业知识、能力甚至公正都十分重要，但大多数受访者并不这样认为。[②] 以下是调查结果：

排名	特质	百分比
1	以身作则	26%
2	坚定的道德情操	19%
3	商业知识	17%
4	公正	14%
5	总体智商和能力	13%
6	员工的认同度	10%

显而易见，如果领导者具备一系列强有力的道德价值观并付诸实践，人们就会尊重他们，而不仅仅看重他们的权位。

不成熟的领导者试图利用自己的职位获得高绩效。自我认知清晰的成熟领导者意识到，员工持续高绩效不是由职位、权力或规则推动的，而是由真诚、切实的价值观激励产生的。

我想践行什么样的领导力

西南航空公司（Southwest Airlines）前董事长兼首席执行

官赫伯·凯勒赫（Herb Kelleher）的职业生涯是从一名律师开始的。在最初的几年里，他收获了领导力的重要经验。他说：

> 我在担任审判律师的早期，就学到了关于领导力的重要一课。为了向最好的人学习，我去圣安东尼奥拜访了两位最著名的诉讼律师。一位坐在那里，从不提出反对意见，对证人非常温和，并与陪审团建立了融洽关系。另一位则咄咄逼人，气势汹汹。两人似乎都打赢了每一场官司。那时我才意识到有许多不同的道路，而不是只有一条正确的道路。领导力也是如此。不同性格、不同方法、不同价值观的人们之所以都能成功，不是因为有一套最优的价值观或行为，而是因为他们的价值观和行为是**诚挚**的。

如果你想成为一名优秀的领导者，你不仅必须了解自己，定义自己的价值观，还必须践行这些价值观。

当你思考如何定义自己的领导力时，你要考虑你会始终如一地按照什么习惯和规则做事。比如，你将如何管理自己？每天上班时你应该做什么？你会坚守什么样的精神和伦理标准以防止自己误入歧途？你将如何对待他人？你的职业道德是什么样的？你给别人树立什么样的榜样？

这一切都是未知的，由你来定义。如果你现在就开始养成这些好习惯，你越早踏上领导力之旅，你的潜质就越容易得到发挥。[③]

这个底线是，赋予你领导职位意味着你将会与众不同。良好的领导力可以改变个人生活。它组建团队，壮大组织，影响社区，且有可能影响世界。但永远不要忘记，职位只是领导力的起点。

职位的劣势

【真正的领导力无关乎职位】

与生活中的其他事物一样，领导职位层级既有积极的一面，也有消极的一面。每一个领导力层级都概莫能外。你会发现，当你向上提升层级时，积极的方面会增加，消极的方面会减少。因为职位是领导力的最低层级，它有很多劣势。在这一层级，我认为有八个主要劣势。

1. 领导职位往往有误导性

根据职位高低定义领导力是最简单的方法。一旦你有了职位或头衔，人们就会认同你。然而职位和头衔很容易误导人。职位总是承诺有余，付出不足。

在我服务的第一个教堂，获得第一个领导职务的那段经历让我深有体会。我误认为被任命为牧师意味着我已经是一名领导了。而在第一次董事会会议上，我才发现我错得离谱。在我以指定领导者的身份正式宣布会议开始不久，真正的领导接管了会议。他的名字叫克劳德（Claude)。他一生都住在教堂所在的乡村山谷里，每个人都爱戴他。他的影响力显而易见，董事会的其他成员都以他为榜样，就每一个问题征求他的意见。即使我当时离开会议，也不会有人在意。

这件事让我震惊。在第一次会议和随后的所有会议上，所有的目光和注意力都集中在真正的领导者克劳德身上。董事会成员并没有追随我，尽管我有头衔、有任命、有合格的大学文凭、有办公室、有薪水，拥有所有和职位相关的东西。克劳德没有这些，但人们认真倾听他讲的每一句话。

我的错误是以为我的领导职位让我成为了领导者。我并没有意识到职位只是给我提供了一次成为领导者的机会。我不明白为什么我被授予了领导职位，但我没有赢得这个领导职位。我太像这幅漫画中的司机了：④

轻松一笑
作者：Bunny Hoest，John Reiner

“这并不意味着你就是领导者，默里（Murray）。”

那时的我把领导视作名词，即我是什么样的人；而非动词，即我正在做着什么。领导力是行动，不是职位。在我刚刚到教堂工作之时，克劳德已经通过多年努力和奉献产生出领导力和影响力，这就是人们追随他的原因。克劳德，一个脚踏实地的农民，给我解释说："约翰，名字的头衔或后缀就像猪尾巴，与培根的质量没有丝毫关系。"

我决定把领导力落实在行动之中，并努力在国内外的会议和研讨会上向领导者们传授这一理念，方法之一是通过我的国际非营利领导力组织 EQUIP 传授这个思想。它已经在世界上 160 个国家培训了 500 多万名领导者。我和组织的培训师都意识到发展中国家面临的重要挑战是未能把领导力视为行动而非职位。这些国家的领导者通常有"我已到达终点"的思维定式。我们希望他们了解领导力最重要的特征之一：领导者总是带领人们奔向目的地。他们不是静止的。没有长途跋涉就没有领导力。

> 领导者总是带领人们奔向目的地。他们不是静止的。没有长途跋涉就没有领导力。

2. 依赖职位的领导者往往贬低下属

依靠职位领导的人总是重视巩固自己的权位，视权力至高无上。对他们来说，职位的价值高于一切，比他们的工作、为下属带来的价值、对组织作出的贡献更重要。这种态度无益于与下属建立良好关系。事实上，职位领导者经常把下属视为一种累赘，视他们为组织中可以随意更换的齿轮，甚至阻碍下属职位晋升。这些思想和行为造成的后果是：依赖权位的领导者所管理的部门、团队、员工士气低落。

为了让自己更有面子或者防止下属得到提拔而威胁到自身的权位，依靠职位的领导者的行为让同事和下属感到自己十分渺小。他们是怎么做的？

对下属没有表现出真诚的信任。

假设下属**做不到**，而不是假设他们**做得到**。

假设下属**不会做**某件事，而不是相信他们**会去做**。

更多看到下属的**问题**而非他们的**潜能**。

将下属视为**负担**而不是**资产**。

依靠头衔或职位来影响他人的领导者与下属相处得不好。有些人甚至**不喜欢**他人！为什么会这样？这其实是一个先有鸡还是先有蛋的问题。他们是因为不会和人相处，才依赖职位进行领导吗？还是因为他们依赖于职位，才从不花时间和精力与他人打成一片？我不知道。也许两种类型的职位领导者都存在。但我知道的是：他们忽视了领导他人过程中许多人文的方面。他们忽视了一个事实，即所有人都有自己的希望、梦想、愿望和目标。他们没有认识到，作为领导者，他们必须将所有人的愿望和抱负凝聚在一起，使所有人受益。简而言之，他们无法很好地领导，因为他们没有认识到任何类型、任何地方、出于任何目的的领导都要与下属打交道。

3. 职位领导者以权力争夺为生

当领导者看重职位而不是影响他人的能力时，组织的环境通常变得非常政治化，会出现很多操纵行为。职位领导者重视控制而不是奉献。他们努力获得头衔。他们尽其所能获得最多的部属和最大的预算额度，目的却不是实现组织的使命，而是扩大和捍卫自己的利益。当一名职位领导者这样做时，其他人也会效仿，因为他们担心他人有所得就意味着自己有所损失。这不仅会形成尔虞我诈、言不由衷、操纵他人的恶性循环，而且会造成部门间竞争和信息孤岛。作为一名年轻的领导者，我曾工作的环境与上面描述的相同，有高度政治化特征，在与上司约见以及选择与谁共进午餐的背后都有许多不成文的规则和隐藏的协议。人们强调要用恰当的头衔称呼彼此，而他人对你的态度很大程度上取决于你的背景。不用说，我在那种环境中表现得不好。于是我立即去寻找一个更好的地方来培养我的领导力。当我找到新的地方并且离开时，我非常高兴，其他人也很高兴！

职位领导者重视控制而不是奉献。

我目前还没有见到过一个内部争权夺利，却很有工作效率和高昂士气的组织。看看我们大多数的政府机构，想想其中的领导者和工作人员。大多数人肯定需要改进，而离开职位领导力层级会对他们大有帮助。

4. 职位领导者将权力置于责任之上

一直以来，我最喜欢的影视人物之一是巴尼·法夫（Barney Fife），他是情景喜剧《安迪·格里菲斯秀》（*The Andy Griffith Show*）中梅贝里（Mayberry）小镇的警官。剧中唐·诺茨（Don Knotts）扮演巴尼·法夫，安迪·格里菲斯（Andy Griffith）扮演警长安迪·泰勒（Andy Taylor），他们一同呈现了最成功的美国电视剧之一。这部电视剧的每一集我都看过很多遍。

巴尼·法夫是典型的职位领导者。他对个人重要性和权威的渴望造就了很多幽默的情节。带着一颗子弹，别着一枚徽章，他抓住一切机会告诉人们这里归他管。他拥有作为一名执法人员的权力，并希望人们承认这些权力。对他而言，不幸的是（但对我们观众而言，幸运的是），没有人认真对待他。结果就是无论他去哪儿，都会出现喜剧性的混乱。

相比之下，安迪警长似乎一直在安抚他这个误入歧途的副手，而他才是权威和权力的真正所有者，但他很少利用自己的职位来解决问题。他也不带枪。每个人都知道他是真正的领导者，能够处理任何情况。安迪把重点放在他所服务的人群身上，对他们负责，而非通过职位获得尊重或权力。《安迪·格里菲斯秀》轻松有趣，但它同时也是领导力研究的绝佳素材。

诗人艾略特（T. S. Eliot）断言："这个世界有一半伤害来自那些妄自尊大的人……他们并非有意伤害他人……只是他们在自视甚高的无止境的斗争中筋疲力尽。"这就是职位领导者的行事风格：他们做事的目的是让自己看起来很重要，让自己感觉自己很重要。

不可避免地，以权力为依靠的职位领导者会有一种特权感。他们期望下属为他们服务，而不是寻找方法为团队服务。对他们来说，职位描述比工作发展更重要。他们更重视自己的"地盘"而不是团队合作。因此，他们通常强调对自己有利的规章制度，忽视人际关系。这无益于推动团队合作，也不会创造积极的工作环境。

作为一名领导者，你有权力做某件事并不意味着这件事是正确的。从权力到责任的转变通常是领导者成熟的标志。在早期领导生涯中，我们都会对拥有的职权以及通过职权达成愿望而感到兴奋。这种力量令人振奋，甚至使人陶醉其中。这就是为什么亚伯拉罕·林肯总统说："几乎所有人都能经受逆境，但如果你想考验一个人的品格，那就赋予他权力。”我们每个领导者都必须努力发展，成长为一个不再依赖权力的领导角色。如果我们能在这方面变成熟，我们就会开始把重点从享受职权转变为利用权力为他人服务。

5. 职位领导者往往是孤独的

“高处不胜寒”这句话要么出自一个职位领导者，要么出自有人格障碍的人！领导他人并不一定是孤独的，只是有些领导把领导过程变得孤独。

如果职位领导者误解了领导的职能和目的，他们可能就会变得孤独。成为一个好的领导者并不意味着要成为山中之王，高高在上，远离他人。好的领导是要与人们同行，帮助他们与你一起向上攀登。如果你独自站在山顶上，就可能会感到孤独。如果你身边有其他人，就不会觉得孤单。

山中之王类型的领导者创造了一个消极的工作环境，因为他们缺乏安全感，容易感受到威胁。一旦看到有潜能的人向上攀爬，他们就会担心，担心自己在巅峰的位置受到威胁。于是，他们逐渐排挤那些有才华的人，试图捍卫自己的地位，让自己明显优于其他人。这通常会导致什么样的结果？最优秀的人感觉被削弱和贬低，他们只好离开部门或组织，去寻找另一座山去攀登。只有普通人或没有动力的人留下来，而他们知道自己的位置就在底部。这就形成了一种“我们 vs. 他们”文化，职位领导者独自站在巅峰。但是，领导不一定是孤独的。如果你有这种孤独的体验，是因为你自己造成了这样的环境。

> 好的领导是要与人们同行，帮助他们与你一起向上攀登。

6. 不提升层级的职位领导者会被打上烙印并陷入困境

在我职业生涯早期开始领导下属时，我学到了宝贵的教训。我总是试图提拔新的领导者以谋求成功，经常尽我所能帮助他们成为成熟的领导者，倾尽所有，包括我的时间、影响力、榜样、资源和领导机会。然而我发现：对那些优秀的潜在领导者，即使我不给或只给他们很少的资源，他们也能成功并变成优秀的领导者。相比之下，即使我把我所拥有的一切都给了平庸的领导者，他们仍然没有成功，也无法使自己变成优秀的领导者。并非职位造就领导者，而是领导者成就了职位。

当领导者长期利用自己的职位来领导他人，却未能形成真正的影响力时，他们就会被打上职位领导者的烙印，而且很少有机会在该组织中获得进一步的晋升。他们可能横向平移，但很少向上移动。

如果你过去是一个职位领导者，那么你可以在这本书的帮助下做出改变。然而，你需要认识到，你依赖职位的时间越长，想要改变他人对你领导风格的看法就越困难。你甚至可能需要换一个职位，从而重新发展你对他人的影响力。

7. 职位领导者的手下离职率很高

当领导者依靠自己的职位进行领导时，公司的人事变动率往往很高。在《领导的黄金法则》（*Leadership Gold*）一书中，有一章的标题是“辞职的人想离开的是人，不是公司”。在那本书中，我阐释了员工接受一份工作往往是想要成为某家公司的一员，但他们辞职通常是因为想离开某个特定的人。当潜在的优秀领导者不得不追随糟糕的领导者，他们就会离开组织。如果工作环境恶劣，优秀的员工就会离开组织。如果去采访离职的人，你很可能会发现他们并不是想离开岗位，而是想离开不得不与之共事的人。⑤

每个公司都会有人事变动，这是不可避免的。每个领导者都必须问的问题是："谁要离开？"要离开的是 8 分、9 分、10 分的员工，还是 1 分、2 分和 3 分的员工？如果 8 分员工离开而 3 分员工加入，那么公司将面临困境。处于第一层级领导力的组织往往会失去最优秀的人才，吸引普通或低水平员工的加入。一个组织的第一层级领导者越多，就会有越多高水平人员摔门而出，越多低水平人员推门而入。

一个组织的第一层级领导者越多，就会有越多高水平人员摔门而出，越多低水平人员推门而入。

大约一年前，我的朋友琳达·萨瑟（Linda Sasser）给我写了一张便条，其中谈到了水平更高的员工为职位领导者工作时所发生的动态变化。她说这些人经常会变成"迷失的领导者"。以下是琳达的观点：

> 似乎第一层级领导者不愿意拥有第三层级员工。优秀的中层领导者会让能力不足的高层领导者感到不适！尽管雇员确实会离开一个能力不足的第一层级领导者，但第一层级领导者也会排挤第三层级优秀员工。这一切发生在我的眼前，我感到惊讶，也感到伤心。
>
> 我为什么称他们为"迷失的领导者"？他们曾是前途光明的新人，有着领导的天赋，却受到第一层级上司的压

迫，被解雇，并迷失在失业大军中。

这是对时间和才能的巨大挥霍！每当一个有能力的员工或潜在领导者被一个职位领导者排挤时，组织就会受到影响。事实上，一个组织的运作水平不会高于其领导者的领导力层级。如果由第一层级领导者掌权，该组织最终将成为第一层级组织。如果领导者处于第四层级，那么组织将永远无法达到第五层级——除非领导者进入到第五层级。

8. 职位领导者不能让员工全力以赴

员工不能全力以赴，组织就无法成为行业翘楚。队员不能全力以赴，教练就带不出冠军球队。学生不能全力以赴，老师就教不出名列前茅的学生。民众不能全力以赴，国家就不可能受到全世界的尊重。夫妻双方不能全力以赴，婚姻关系就很难美满。为什么会这样？因为在成员付出很少的情况下，团队是不可能取得成功的。

依赖职位和头衔的领导者是最脆弱的，因为他们付出的最少。他们期望自己的职位代替他们完成领导层的艰苦工作。因此，他们对所属的员工也很少付出。一些为职位领导者工作的人可能起初势头很猛、雄心勃勃、富有创新精神和积极性，但他们很难保持这种状态。通常，他们会成为以下三种类型的员工。

不停看钟表的员工

在第一层级领导环境中如鱼得水的追随者喜欢时钟，并且他们希望时钟在工作环境中随处可见。为什么会这样？因为工作中的每一刻都是根据时钟来评估的。在中午之前，每当他们看时间，就会想到他们已经工作了多久。“我在这里已经待了两个小时了。”午饭后，他们会关注还剩多少时间。“再过两个小时我就要回家了。”时钟还可以提醒他们一天中更重要的时刻：休息时间和午餐时间。

在第一层级领导环境中，员工在下午休息后开始变得跃跃欲试，因为对他们而言最重要的时刻是下班时间。大约在16：30，他们开始进入下班倒计时模式。他们在办公室里四处走动、收拾东西、清理办公桌，没有任何事情可以阻止他们在17：00准时下班。

16：45，他们四处走动，和同事们说再见，毕竟不说再见便夺门而出是很失礼的。

16：50，他们最后一次去洗手间，无论一天之内他们已经在那里度过了多长时间。只要能在公司解决，他们一定不想把回家后宝贵的个人时间浪费在洗手间里。

16：55，他们将工作鞋换成运动鞋，确保能够快速逃离公司。

16：58，他们踏上起跑装置，等待时钟响起。

17：00，所有人都走了。从协调、实践和时间掌握方面来看，他们的离开行动是完美的。

17：02，停车场里一辆车也没有了，因为在大清早，人们就已经小心地把车倒进车位，准备好下班快速逃跑。

或许我有些夸张了，但这种描述并非毫无依据。看钟族总是知道距离回家还剩多长时间，在下班后一刻也不想再工作。

当和你一起工作的人迫不及待地想要下班时，你的领导力一定出了问题。

请你思考一下：当和你一起工作的人迫不及待地想要下班时，你的领导力一定出了问题。

只做分内工作的员工

因为第一层级的职位领导者依赖权力进行领导，并将他们的领导地位作为影响他人的手段，为他们工作的人则依赖作为员工的权利，只满足工作的最低要求，只做分内的事。如果他们经常并且长时间这样做，他们就会成为“分内员工”，所做的刚刚好能过得去，得到工资，保住工作。对他们来说，最重要的问题不是“我怎样做才能成为一名有价值的员工”，而是“作为一名员工，我不得不做些什么”。他们不会问：“我如何才能得到晋升？”只会问：“我如何才能不被解雇？”

当员工不得不跟随领导者时，他们只会做自己必须做的事情，也不会把最好的工作状态呈献给他们最不喜欢的领导者。他们不情愿地服从，而不是奉献。他们可能会干着某份工作，但绝对不会贡献智慧或心灵，他们就像兰迪·格拉斯伯根（Randy Glasbergen）笔下的漫画角色。⑥

只做分内工作的员工上班如上刑场。他们唯一的热情在于以任何理由休尽可能长的假期。有些人花费大量精力寻找创造性的方法来减少工作。要是他们能把这种热情用在努力工作上就好了！

“我总是在工作中投入110% 的精力。周一40%，周二30%，周三20%，周四15%，周五5%。”

心不在焉的员工

在第一层级领导环境中，总有一些员工“身在曹营心在汉”。他们在工作的时候，思想总是开小差，不知道跑到哪里去了，但是一到开工资的时候就大摇大摆地出现了。这种态度对一个组织是非常有害的，因为它似乎具有传染性。如果一个人开小差而不需要承担后果，其他人通常就会模仿。心不在焉和马马虎虎的毛病是会传染的。

有研究表明，这种心不在焉的工作态度是很常见的。盖洛普（Gallup）公司多年来一直跟踪调查这种现象，并发现美国近年来工作心不在焉者的人数占比为 15% ~ 20%。2006 年，盖洛普在《盖洛普管理学刊》（*Gallup Management Journal*）上发表了当年第二季度的统计数据。数据表明，在美国 18 岁及以上的员工中，15% 的人（约 2060 万人）明显存在该现象。盖洛普由此估计，这让雇主损失了 3280 亿美元。⑦ 盖洛普在最近的一项调查中发现，超过一半的德国员工没有全情投入工作。⑧

通用食品公司（General Foods）前主席克拉伦斯·弗朗西斯（Clarence Francis）说："你可以花钱买到一个人的时间，你可以花钱使他出现在特定地点，你甚至可以花钱要求他每小时进行特定数量的肌肉运动，但是你买不到他的热情……买不到他的忠诚……更买不到他的真心、思想或灵魂的投入。这些是需要你去努力赢得的。"在第一层级依靠职位的领导者往往只能从员工那里收获"刚刚好"的投入，这意味着他们无法取得任何伟大的成就，因为成功需要的不仅仅是这些。成功需要大多数人心甘情愿的付出，但又不会超过他们的能力范围，本质区别在于领导者是否有优秀的领导力，而这在第一层级领导者中并不存在。

当团队、部门或公司中的工作人员不能全力以赴工作时，最好的结果不过是表现平平，而且士气也很低落。美国橄榄球超级碗比赛冠军球队的前任教练迪克·维梅尔（Dick Vermeil）说："如果你不全心全意投入，失败不会令人很伤心，胜利也不会令人太兴奋。"这是对第一层级领导力恰如其分的描述。

第一层级领导者的最大劣势在于，他既没有创造性，也没有变革性。这种领导者得过且过。如果一个领导者长期停留在第一层级的负面阶段，他最后可能发现自己已经成了局外人。如果一个领导者在第一层级上失败了，除了离开没有别的出路。他将不得不去寻找另一份工作。

● ● ●

第一层级的最佳表现

【如何充分发挥职位的作用】

如果你一直处在第一层级上，并且依靠你的职位或头衔来进行领导，你注定会永远停留在那里吗？当然不会！所有的领导者都可以学习不同的领导方式，如果他们愿意改变第一层级的领导方式，就可以提升领导力水平。如何充分利用你的领导地位，从职位领导者转变为认同领导者？通过以下三种方式。

1. 不再依靠职位驱动下属

拥有一个领导职位无可厚非，这是大多数领导者的起点。然而，依靠职位来领导的心态是完全错误的。要成为第一层级的有效领导者，你必须停止依靠职位来驱动别人。

最好的领导者根本不需要用他们的职位来解决问题，而是使用其他技能。为了帮助新的领导者理解这一点，琳达·萨瑟有时会要求潜在的领导者在获得领导职位之前就开始学习如何领导他人，这样她就可以观察他们的反应，并帮助他们做好提升领导力层级的准备。她是这样描述的：

> 当我觉得有人准备好成为领导者时，我向他们提出一个关于牺牲、勇气和谦逊的挑战。我需要确保在授予头衔之前，这个人已经体验到了成为领导者是什么样的。他们要自己做出成为领导者的选择。我要让他们意识到领导者并不总像表面看上去那么光鲜亮丽。因此，我赋予潜在领

导者责任而没有头衔，也不会告诉其他人这个人将领导他们。新的领导者必须弄清楚如何在没有头衔或职位的情况下提升团队的表现。

一开始对他们来说很难。他们经常有挫败感，对我说："在无须服从我的情况下，我怎么能告诉他们去做什么？"这就是一个绝佳的教学时刻。这种情况让我能够质疑他们解决问题的方法。我说："你为什么要指挥他们该做什么？领导者会找到影响他人行动的方法。你有没有问过他们你怎么能帮助到他们？问问他们工作上面临什么挑战。也许有一种方法可以让你们作为团队一起工作，提高彼此的效率，那就是与这些人建立良好的人际关系，并对他们表现出兴趣。"

看着这一过程随着时间的推移而进展是如此令人兴奋。令我惊讶的是在我授予这些新领导者头衔后发生的事情。当他们获得领导职位时，他们所领导的团队成员通常都很兴奋。整个部门都能感受到他们的激动。这一切都是因为新的领导者已经意识到领导力不仅仅意味着有一个头衔或一间办公室。其核心是影响力，是你能够影响他人的这个事实。

领导者很容易故态复萌，堕入依靠职位来迫使下属工作的境地，尽管这种方法难言有效。马萨诸塞州前州长克里斯蒂安·赫特（Christian Herter）在竞选第二任期时就吃了这个苦头。有一天，赫特忙碌了一上午参加竞选活动，没有时间吃午饭。他实在太饿了，就来到了教堂烧烤摊位前。他随着人流向前走，把盘子递给负责分鸡肉的女士。她在他的盘子上放了一块鸡肉，然后转向了队伍中的下一个人。

“不好意思，”赫特州长说，“你介意我再吃一块鸡肉吗？”

“抱歉，”女士说，“我只能给每个人一块鸡肉。”

“但我快饿死了。”州长说。

“对不起，一位顾客只能吃一块。”这位女士说。

州长本来是一个谦逊的人，但他太饿了，所以他决定向她施加一点压力。“女士，你知道我是谁吗？”他说，“我是这个州的州长。”

“你知道我是谁吗？”女士毫不客气地说，“我是负责分鸡肉的人。现在，快走吧，先生！”

没有人喜欢被人指手画脚，也没有人喜欢看别人趾高气扬的嘴脸。大多数人对职位领导者的反应不佳。你怎样才能知道自己是否在采用职位领导力的方式呢？回顾一下代表着职位领导力思维的概念。第一层级的领导者认为：

自上而下——“我高于你。”

隔离——“不要让别人靠近你。”

幻象——“成功，从假装开始。”

力量——“不要让他人看到你的弱点。”

自私——“你是来帮我的。”

权力——“我决定你的未来。”

恐吓——“就这么做，不然……”

规则——“根据规定……”

相比之下，更高层级领导者的思维方式则不同。以下是第二层级领导者的思维方式：

肩并肩——“让我们一起工作吧。”

主动——“我会来帮你的。”

包容——“你怎么看?”

合作——“一起努力，我们就能赢。”

服务——“我是来帮你的。”

开发——“我想帮助你提高价值。”

鼓励——“相信你能做到!”

创新——“让我们突破固有模式进行思考。”

第二层级依靠人际交往技巧而不是权力来完成任务。领导者把被领导的人视作平等的人，而不仅仅是下属。

惠斯勒定律（Whistler's Law）提出：“你永远不知道谁是对的，但你总是知道谁是领导。”我想惠斯勒一定认识一些第一层级领导者。事实是，如果你必须告诉别人你是领导者，你就不是真正的领导者。如果你继续依赖你的职位来使唤他人，你可能永远不会具有影响力。如果你想成为一名更好的领导者，就必须放弃控制，开始培养合作精神。好的领导者不会对他人颐指气使，而是会鼓励他人，调动其积极性。这就是成为一个“以人为本”的领导者的秘诀，因为领导力的很大一部分就是鼓励他人。

你永远不知道谁是对的，但你总是知道谁是领导。

2. 忘记头衔，努力前行

政治哲学家尼科勒·马基雅维利（Niccolò Machiavelli）写

道："不是头衔荣耀人，而是人荣耀头衔。"他理解了领导力的本质和头衔的真正弱点。如果你想充分利用你在第一层级的职位并尊重你拥有的任何头衔，就不要依靠它们来领导别人。不要乱用你的权力，更不要迷恋你的权力。永远不要相信你的职位是你应得的。领导力不是权力，而是一种荣幸。你必须不断努力，使自己实至名归。如果你有任何特权感，那将对你十分不利。

如果你关注过2008年美国总统初选，那么你可能已经注意到了两个权力意识影响领导力的生动例子。在共和党一方，鲁迪·朱利安尼（Rudy Giuliani）是民调中最受欢迎的候选人，许多人相信他将获得共和党的提名。他肯定也是这样想的，因为初选开始时，他感觉胜券在握，决定不参与前几轮的预选。他一直等到佛罗里达州举行初选才参加。那个州有很多代表，他自认为会轻松赢得选举，然后在这一势头的推进下赢得总统提名。结果如何呢？总统选举分析家们认为另一位候选人约翰·麦凯恩（John McCain）几乎没有机会赢得提名，但他从一开始就不断努力，连续获得了几场胜利，扭转了选举的势头。当佛罗里达州初选开始时，这个国家的民众已经开始倾向于约翰·麦凯恩，而离鲁迪·朱利安尼却越来越远，后者很可能是由于职位带来的特权感而失去了提名。

在民主党一方，希拉里·克林顿（Hillary Clinton）是民调中最受欢迎的候选人，许多人认为她将获得民主党提名。与鲁迪·朱利安尼不同，她从一开始就很努力。然而，她似乎认为自己将在超级星期二（美国总统候选人初选的日子）之前成功获得党内提名，而在那之后就没有采取什么行动策略。与此同时，巴拉克·奥巴马（Barack Obama）继续保持着热情高涨的竞选势头，获得了令人难以置信的民众支持率，最终得到提名。剩下的事情，就人尽皆知了。

优秀的领导者从不会掉以轻心。他们会保持一贯的工作风格和领导状态。他们明白必须要赢得并提升领导力。在某种程度上，他们永远不满足于现状，因为永不满足是持续努力的动力。优秀的领导者努力让员工和组织朝着愿景前进。他们意识到，有时组织中会充斥着各种各样的工作任务，但只有优秀的领导力才是进行团队构建的关键所在。

你可能已经被授予了第一层级的职位，但是你需要带领自己和他人超越这个水平。你应该放弃唾手可得的目标，来寻求更大的可能性。让这个有实际意义的愿景带领你和你的属下摆脱工作要求和琐碎规则的束缚。忘记你的领导特权和职位，专注于你的责任，让你所领导的人的生活因此而变得不同。如果你只是得到一个职位或头衔，那你还没有到达终点。这时候你需要继续前进，并带着其他人一起前行。

3. 走下职位，向员工靠拢

依赖职位的领导者往往错误地认为，员工有责任告知他们的需求或愿望。好的领导者明白，向员工靠拢是他们自己的责任，因为领导者才是发起者。

古希腊哲学家苏格拉底说过："感动自己才能感动世界。"如果你想在领导力上提升到第二层级，就要从你的"舒适区"走出来，你不应当继续居高临下，而应从高位走下来，走到你的属下当中去。在你所做的工作以及你与员工互动的方式两个方面上，你都需要超越职位的基本要求。你必须以了解员工是什么样的人、他们需要什么，如何帮助他们和团队取得成功为己任。

> 感动自己才能感动世界。

为了在人生中尝试一些新鲜事物，我们必须自愿离开“舒适区”。这当然会带来风险，甚至让人有些胆怯。然而，每当我们离开“舒适区”并且征服新的领域时，我们不仅能够拓展自己的舒适区，还有可能极大地提升自我。如果你想成为一名领导者，就要做好迎接各种挑战和不适的准备。但要明白一点，风险带来的回报是非常值得的。

• • •

职位层级的领导力法则：盖子法则、过程法则、领航法则

经常有人问我怎样把好多本书中的各种概念结合在一起的。在我多年讲授五层级领导力理论的过程中，大家问得最多的一本书是《领导力 21 法则》。人们会问：“你在第一层级上采取了哪些法则?”事实上，每一条法则在任何一个层级上都可以得到应用。然而，在领导者成长并在五层级领导力上不断提升时，确实有一些最适合在该阶段学习的法则。下文将解释最适用于每个层级的领导力法则。这也许不是学习五个领导力层级的必备内容，但是可以在你的成长过程中提供参考。

1. 盖子法则：领导力决定一个人的办事效率

每个人的领导潜能都有一个封顶的“盖子”，这是领导者的局限性，而且每个人的天赋也并不相同。我们面临的挑战是如何不断发展和充分发挥全部领导潜能，从而掀开限制我们实际领导力的“盖子”。

领导者成长的最大障碍是职位思维模式。在任何时候，一旦你认为自己已经到达了终点，不论你的职位是组织中最低的还是最高的，你都已经降低了自我期望，贬低了自己的领导力，陷入无增长的思维定式，而仅仅停留在第一层级的领导者无法充分发挥领导潜能。

如果你愿意忘记头衔和职位，专注于自己的潜能，那么你将卸下一份本可能将你压垮的巨大负担。如果你想突破领导力的“盖子”，提升领导力，你必须超越第一层级职位领导力。

2. 过程法则：领导力来自日积月累，而非一日之功

领导职位可以在一天内获得，但领导力发展是一个终生的过程。那些形成了职位思维定式的领导者经常说：“今天我成了一名领导者。”他们应当思考的是：今天我获得了一个领导职位，我将努力成为一名更好的领导者。这就是过程法则，它强调被任命为领导只是一个起点，如果停留在那里，你永远都不会真正开启你的领导力之旅。

3. 领航法则：谁都可以掌舵，唯有领导者才能设定航线

当你得到一个领导职位时，明智的做法是认识到你的领导力层级进展到哪一步了，以及还有多少要学习的东西。领航法

则会好好提醒你这一点。

我的朋友比尔·海贝尔斯（Bill Hybels）喜欢航海，是一位相当有成就的水手。几年前，我们两家在英属维尔京群岛享受了几天的航行。我们租的船有自己的船长和船员，但我们也参与了航海的过程。外出的第一天，比尔让我来掌舵，并在我努力驾驶这艘船的时候给出指示。虽然这并不容易，但几个小时后我就逐渐掌握了窍门。

我为什么要提到这一点？因为作为一名新手，我虽然能学着驾驶这艘船，但我肯定不能设定航线，这需要一位经验丰富的领导者来完成。比尔本可以胜任领航者的角色，但那一次的航线是由船长制定的。

如果你是第一层级领导者，要知道自己的局限性。你可以学习如何规划航线，但要做到这一点，你必须提升到更高的领导力层级。

帮助领导者提升到第二层级的信念

要从第一层级领导者转变为第二层级领导者，你必须首先改变你对领导力的看法。没有人注定永远都是职位领导者，尽管你依赖自己职位的时间越久，你想要改变领导方式和别人看待你的方式所需要的时间就越长。你必须从第一层级开始努力向上提升。

要从职位领导者变成认同领导者，你必须从心里接受以下四条信念。

1. 仅有头衔是不够的

我们的文化重视头衔，对于拥有医生、首席执行官、董事长、博士、奥斯卡奖得主、导演、诺贝尔奖得主、年度推销员、总裁、桂冠诗人等头衔的人，我们钦佩并尊重。但这些头衔到底意味着什么？头衔并没有什么意义，归根到底都是空洞的。你必须学会这样去看待它们。那些以获得某些头衔为职业目标的人无法把自己打造成最好的领导者。

真正重要的是，你是什么样的人以及你所做的工作。如果这项工作意义重大，能为他人增加价值，那么它就不需要附带头衔。很多时候，我们甚至无法控制自己是否获得头衔或奖项。当有一个人得到了认同时，还有成千上万的其他人没能得到认同，尽管他们或许应该得到更高荣誉。但尽管没有得到称赞，他们仍在继续工作，因为工作本身和对他人的积极影响便是足够的回报。

领导者需要意识到头衔没有什么真正的价值，职位是领导力层级的最低级别。这样的意识会给领导者带来一种健康的、对第一层级领导力的不满足感和成长的愿望。职位对任何人来说都不是一个有价值的人生目标，所谓的安全感不能成为最终的目标。领导力就意味着积极和充满活力，其目的是创造积极的变化。

> 职位对任何人来说都不是一个有价值的人生目标。

2. 领导者最宝贵的资产是人，而不是职位

如果你想成为一名更好的领导者，你就不能一味按照规则和程序来完成任务或维持事务运转，你必须发展人际关系。为

什么要这样？因为现实中，完成事情的是人，而不是规则。因为人是任何组织背后的力量，是组织最宝贵、最有升值空间的资产。

学到这一课对我的领导生涯产生了巨大的影响。在我职业生涯的最初几年里，我是一名第一层级领导者，我把太多的精力放在了职位上，受职位所驱动。我一直在想：我的权力是什么？我的权威明确了吗？我在组织架构中的地位是什么？我与其他领导者相比表现如何？我怎样才能爬上晋升的梯子？我需要建立起哪些人脉？我职业生涯的下一步是什么？对职位的过度关注给我带来了挫败感，因为只要你把注意力集中在职位上，除非你已经到达巅峰职位，否则你永远不会满足。（讽刺的是，如果你专注于职位，并且确实也登上了巅峰，你同样不会对此感到满意。）

遗憾的是，当时的我想要利用他人来改善我的职位，而不是用我的职位来改善他人。这是不对的，也是无效的。当我终于意识到依靠职位、对员工指手画脚无法让他们发挥最大潜能时，我的态度和行为开始发生变化。我开始把员工放在首位，进行积极交流，也开始建立人际关系——员工们立刻注意到了我态度的变化。

掌握成为一名更好的领导者所需的人际交往技能花了我一些时间，但让别人知道我很重视他们、欣赏他们并对他们个人感兴趣，其实不需要花任何时间。所以你也可以很快做出改变。直接的好处就是：当员工注意到我态度的转变时，我注意到他们对我的回应也发生了积极的转变。他们开始帮助我，这也促使我可以更好地帮助他们。

3. 领导者不需要知道所有问题的答案

职位领导者通常认为他们需要知道所有问题的答案，毕竟如果他们承认自己不知道某件事，那就是软弱的表现。如果他们表现出了软弱，他们将如何高居巅峰并保持其宝贵的领导地位呢？要摆脱第一层级，领导者必须换种方式思考。

当我刚从大学毕业开始职业生涯时，我天真地认为已经找到了所有问题的答案。几个月后我意识到并没有，但我不敢承认这一点。我的不安全感和不成熟使我假装自己是万事通，即使很多问题和我的专业知识毫不相干。在几年间，我尝试了“假装成功，直到成功”的领导方式。然而我伪装得不是很好，其他人也很容易看穿我。这种方式对领导力层级的提升没有任何好处！

我开始意识到，领导者不需要什么都懂，而是需要吸引那些知道他所不知道的事情的人。一旦意识到自己的短板，我就不再试图给出答案，而是开始呼吁团队成员来帮助我找到答案。这改变了我的领导力，不仅是因为我可以做自己、不用再不懂装懂，而且因为这么做利用了共同思考的力量，这也是群策群力、发挥集体智慧的最佳时机。

领导者不需要什么都懂，而是需要吸引那些知道他所不知道的事情的人。

4. 好的领导者总是考虑其他人

由于职位领导者经常站在领导力的山顶独自工作，下属们只能在底层工作，他们的团队工作效率远远不能发挥出真实水平。为什么会这样？独自一人的领导者无法带来团队合作的创造力、协作或高成就。这是很可耻的，而且也是对领导力潜能的巨大浪费。

我父亲那一代人里有很多孤独的领导者，他们的座右铭是“要么听我的，要么走人”，结果他们错失了很多良机。在五层级领导力上不断提升与他人息息相关，这意味着与他人必须形成良好的关系，也要求领导者成为他人的榜样。如何发展和培养人才是领导者的巨大挑战。你的领导力水平越高，你就越能意识到优秀的领导者是与他人一起领导，而不仅仅是领导他人——这需要合作和包容。为了团队和组织的愿景，领导者要牺牲自私的个人野心，这意味着成为比你自身更强大的组织的一员，这需要你把别人放在你前面，并且愿意和下属保持同样的前进速度。

一位朋友告诉我，当一群海军陆战队士兵参战时，他们并不佩戴军衔和徽章。一个原因是他们不希望军官和士官成为敌人的目标，但还有一个原因，当海军陆战队投入战斗时，他们清楚谁在指挥和负责。指挥系统早已明确建立了，大家不再需要提醒，而且不佩戴军衔和徽章也由领导者向团队传递了一条明确的信息：我们并肩战斗，生死与共，这与军衔高低无关。

从第一层级提升到第二层级需要领导者自身做出重大调整，他们必须改变对他人和领导力的观念与态度。事实上，只要你决定在领导力之旅中为他人着想，你就很有可能向更高的层级迈进。

● ● ●

第一层级成长指南

当你反思职位领导力的优势、劣势、最佳表现和信念时，请使用以下指南帮助你规划成长路线。

感谢带你进入领导层的人

如果你曾被要求担任领导职务，这表明有人信任你。无论你是在一周前还是十年前被任命为领导，向带你进入领导层的人表示感谢永远不会太迟。你可以花点时间写一个便条或一封电子邮件来感谢那个人，并分享领导过程对你的生活产生的积极影响。

投入到领导力成长中

只有当你承诺走出自己的舒适区，努力成为比现在更好的领导者时，你才能真正地成长。写一份成长承诺宣言，描述你将怎样做以及通过什么方式实现成长，签字并注明日期，并把它放在醒目的地方时刻提醒自己。这标志着你决心成为充分发挥潜能的领导者，并努力在五层级领导力上提升。

定义你的领导力

第一层级最适合花点时间定义你的领导力，并决定你希望自己成为什么样的领导者。使用前文中提及的三个问题来描述你希望成为的领导者类型：

- 我是谁？
- 我的价值观是什么？
- 我想践行什么样的领导力？

从职位到潜能

你以前如何描述自己的职业目标？你是否考虑过目的地，比如具体的职位和头衔，或者你是否考虑过在完成工作的同时努力实现更美好的愿景？如果你过去是从职位的角度思考，那么就改变你的关注点，把注意力转移到你的领导潜能上。你有潜能成为什么样的领导者？你能对下属产生什么样的积极影响？你能对世界产生什么样的影响？重写你的目标，接受非职位型领导者的思维模式，这将改变你的可塑性和你对待团队成员的方式。

关注愿景

不过度重视头衔或职位的方法之一是更多地关注组织的愿景，并更多地将自己视为帮助员工实现愿望的人。为了帮助你做到这一点，花些时间用这些术语重写你的工作说明，写下组织的愿景以及你的团队或部门将如何推动该愿景的实现，然后写下你可以用什么具体方式让团队成员更容易完成他们的任务，从而实现愿景。

从规则到人际关系的转变

如果你过去依靠规章制度和流程来领导他人，那么你需要转向一种更加关系化的领导方式，这需要你从发掘每个下属的价值开始，然后用自己的方式来表达你多么重视他们。人是任何组织中最重要的资产，你一定要学会用这种态度对待他们。

开始接触团队成员

如果你一直在等待团队成员向你寻求帮助，那么你需要改变与他们接触的方式。你要走出你的办公室或隔间，开始与他们接触。把目标设置为了解他们，向他们表达你的感激，鼓励他们并为他们提供支持与帮助。

不要提及你的头衔或职位

如果你习惯抬高自己的地位或提醒别人你的头衔或职位，那么你需要停止这么做。我甚至建议你在自我介绍时尽量不要提及你的头衔。尽你所能不要把自己与某个头衔或职位画等号，而是要更多地把自己和为团队或组织所做的贡献联系在一起。

学会说“我不知道”

如果你认为你必须拥有所有问题的答案，那你就要改变你的领导方式。好的领导者并没有所有问题的答案，但他们会招募他人并为那些能够找到所需答案的人赋予权力。你需要立即采取下面这个方法：接下来的一个月中，当有人问你不了解的问题时，你要勇敢承认你不知道答案，然后征求团队成员的意见。如果他们不知道问题的答案，那就问他们是否认识了解此事的人，这样大家可以众智解决问题。

寻找领导力导师

大多数人认为在领导力旅途上，如果没有前辈的帮助，他们就很难发展领导力。想想你认识的最好的领导者，请其中一位来指导你。问一问你能否在一年中和他见面 4~12 次。在见面之前，一定要认真准备，计划好你要请教什么问题，以及需要哪些用于解决问题的建议。如果你没有准备好或者没有问题，那就不要提出见面——永远不要浪费导师的时间。

04
第 4 章

第二层级 认同

没有爱心，无法领导

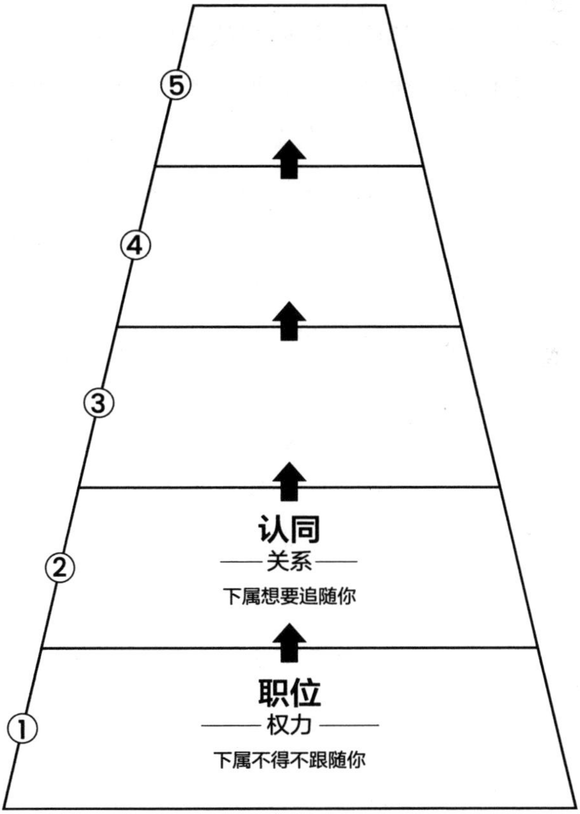

从职位到认同的转变是真正踏入领导力世界的第一步。我为什么这么说？因为领导力就是影响力，这么说恰如其分。依靠职位来调动员工的领导者很少对前者产生影响。如果他们的下属按照要求去做，通常是因为他们认为不得不这样做——为了领取工资、保住工作、防止受到谴责等。

相反，当领导者学会在认同层级上工作时，一切都会发生变化。下属不仅仅是服从命令，而是真的开始追随你了。他们这么做是因为他们真的想这么做。这是为什么呢？因为领导者已经开始通过关系而不仅仅是地位来影响他人。建立人际关系是有效领导他人的基础。当领导者跨越工作基本要求或部门之间的界限与他人进行联系时，组织内的壁垒也在被打破。排除的障碍越多，人际关系越紧密，领导他人的基础就越广泛。当下属感到被喜欢、被关心、被包容、被重视和被信任时，他们就开始与领导以及同事合作，这会改变整个工作环境的氛围，因此下属会追随那些他们喜欢的领导者。

> 建立人际关系是有效领导他人的基础。

人际关系是成功的关键，无论你是在试图推销、训练、教学、领导，还是仅仅在完成日常生活中的任务。在销售方面，杰弗里·吉特默（Jeffrey Gitomer），《销售圣经》（*The Sales Bible*）和《销售红宝书》（*The Little Red Book of Selling*）

的作者，用“石头、剪刀、布”游戏的类比来描述关系的重要性。

> 关系比价格更强大。
> 关系比物流渠道更强大。
> 关系比质量更强大。
> 关系比服务更强大。

对领导力而言也是这样，人际关系同样具有强大的力量。

提升到第二层级是领导力的一个重要发展，因为这意味着追随者认同了上司的领导。员工的角色第一次从下属转变为追随者，这是一个可喜的变化！请记住：领导力总是意味着员工的变化，因为领导力不是静态的，也就是说，没有动态变化就没有领导力。

● ● ●

认同的优势

【工作场所变得更加令人愉悦】

提升到第二层级的好处有很多，因为对关系建设的关注开辟了许多新的领导途径。以下是最重要的五条。

1. 认同领导力使工作更愉快

职位领导者往往将精力集中在为自己或组织服务上，而很第二层级的领导者将注意力从“我”转移到了“我们”。

少考虑他人。然而，提升到第二层级的领导者将注意力从“**我**”转移到了“**我们**”。他们更喜欢下属，把他们当作个体来对待。领导者开始培养人际关系，通过互动而不是利用职位的力量来赢得大家的支持。这种态度上的转变会在未来产生积极的影响。

工作环境变得更加友好之后，大家开始喜欢彼此。团队中出现的这种化学反应，使得员工的思维方式不再是“不得不”，而是“想要”。对领导者和追随者来说，工作场所都变得比从前更加愉快了。

提升到认同层级的关键是要有正确的态度。唐纳德·沃尔特斯（J. Donald Walters）曾说：“领导力提供了为大家服务的机会。”第二层级领导者就充分诠释了这一点的重要性。

认同层级领导者喜欢员工，并希望帮助他们，看到他们的成功。他们普遍的态度是为他人服务，充分发挥与其共事的员工的优势。

很遗憾，在我的第一个专业领导职位上，我就犯了过分关注自己和组织发展的错误。我知道我想去哪里，从一开始我所关心的就是如何达成组织目标。这真是大错特错！我花了几年的时间来改变我的态度，放慢脚步去了解员工，了解他们所关心的事情。这对我的生活和领导力产生了巨大的影响。现在，四十多年过去了，我的变化翻天覆地。今天，我最大的快乐来自和团队一起工作，而不是工作本身。我已经从热爱工作和寻找帮助我的人，转变为热爱我的员工和寻找帮助他们的方法。因此，我的领导力之旅变得更加愉快。

2. 认同领导力使员工精力充沛

当你和你不太喜欢或不喜欢你的人在一起工作时，会发生什么？会不会将你的精力消耗殆尽？那种环境使大多数人情绪低落。即使在一个中立的环境中，如果你和你不太熟悉的人在一起，了解他们不是会花很多精力吗？与他人产生关联总是耗费精力。相反，当和你认识与喜欢的人在一起工作时，会发生什么？这难道不会给你赋能吗？对我而言是这样的。无论是在工作中还是在家里，或者在休闲娱乐的时候，能与我喜欢的人在一起，是我最大的快乐，这总能令我精力充沛。

良好的人际关系总会产生正能量，并给人与人之间的互动带来活力。当你投入时间和精力去了解他人并建立良好的关系时，你就会得到更多积极的回报。在这种积极、充满活力的工作环境中，员工愿意付出最大的努力，因为他们知道领导者希望他们尽其所能并劳有所得。

3. 认同领导力打开了沟通之门

在第二层级，自上而下的职位领导力关系被肩并肩的人际关系所取代，这有利于培养良好的沟通方式。在认同层级上，领导者愿意倾听下属的诉求，而下属也愿意听从领导者的调遣。

> 在认同层级上，领导者愿意倾听下属的诉求，而下属也愿意听从领导者的调遣。

通用电气（General Electric）首席执行官杰克·韦尔奇（Jack Welch）的话可以体现优秀领导者与员工之间沟通的相互作用。他把理想的领导者描述为：

> 对自己的业务部门以及活动规划有着明确发展愿景的人，能够向整个部门阐明业务是什么，并通过分享讨论（听和说）使他人接受这个愿景。然后，能够坚持不懈地推动这一愿景的实现并取得成功。[1]

韦尔奇还评论道："最重要的是，好的领导者是开放的。他们在组织中的各个层面与员工互动，而不强求通过固定的渠道沟通。他们会通过非正式的方式，与大家坦诚相待。他们的平易近人使得下属愿意追随他们。"[2]

我相信大多数领导者天生更善于说而不是听。在我刚刚开始领导之旅时，我就是这样的人。我致力于向其他人传达我的愿景，并确保他们理解我的规划路线。我希望沟通是单向的——从我到他们。结果是很少有人信任我的领导力或接受我的愿景。我没有意识到实现愿景的道路是双向沟通，这意味着我必须学会如何倾听。

最近我了解到对表示动词"倾听"的汉字"听"的一种解释。它使我对这个概念有了更加深刻的理解。这个词的发音为"tīng"，由一些具有特定含义的较小元素组成[3]：

聽

这些符号分别代表：**你**，表明焦点是在别人身上，而不是你自己；**耳朵**，倾听的主要工具；**眼睛**，用来发现交流的非语言线索；**全神贯注**，如果我们想要听到所有的内容，则必须全心全意地投入；还有**心**，这表明除了智力层面之外，我们在情感层面上也对他人开放。换句话说，当我们真正打开第二层级的沟通之门并真正倾听时，必须向别人传递以下信息：

耳朵——我听到你说什么了。

眼睛——我明白你说的内容。

心——我感受到了你所说的。

全神贯注——我重视你以及你说的内容。

只有当这样做时，我们才能与他人建立积极的关系并说服其跟随我们。

当领导者在第二层级建立关系时，他们不仅能更好地沟通，还能建立社群。社会学家阿米泰·埃特兹奥尼（Amitai Etzioni）提出："当使用'社群'这个词时，人们通常会想到的'社群'是人与人之间相互了解和关心的地方。在社群，人们彼此问好不仅仅是为了礼貌，而是真正关心对方。"第二层级领导者创造了这样的环境，让下属开始以"社群精神"为工作准则，并坦诚地相互交流。

4. 认同领导力关注每个人的价值

第二层级领导力是由关系驱动的。只有当人们相互尊重和珍视时，第二层级领导力才有可能实现，因为你不可能与你不尊重的人融洽相处。如果一段关系缺乏尊重，这段关系就无法维系。领导者关心下属而不是领导他们，如果你不关心他们，你就无法有效地超越第一层级来领导他们。所有伟大的领如果一段关系缺乏尊重，这段关系就无法维系。领导者关心下属而不是领导他们。

袖都是“以人为本”，他们提升了组织中的价值标准。纳尔逊·曼德拉（Nelson Mandela）是我们这个时代最伟大的领导者之一。他不断打造高度重视“个体价值”的领导力。他有着传奇般的力量和谦逊，他知道他的态度对领导力是多么重要。他说：“你看，当有危险的时候，一个好的领导者会站在第一线。而在要庆祝的时候，一个好的领导者会退到后面。如果你与周围的人合作，就要让他们觉得自己很重要。你可以通过谦虚来做到这一点。”

最近，在去南非旅行时，我在约翰内斯堡的一家书店停了下来，拿起了马丁·卡伦古－班达（Martin Kalungu-Banda）的《像马迪巴一样领导：纳尔逊·曼德拉的领导课》（*Leading like Madiba: Leadership Lessons from Nelson Mandela*）一书。我在从南非到肯尼亚的航班上读了这本书。书中全是见证曼德拉领导力的人对他的评价，他们亲眼见证了纳尔逊·曼德拉如何高度重视他人并提升其价值。

我最喜欢一位名叫彼得（Peter）的商人的故事。他被曼德拉邀请到家中吃早餐。在会面当天，彼得穿上了他最好的衣服，让司机杜米（Dumi）带他去曼德拉的家。令彼得惊讶的是，曼德拉正在停车场等他。彼得回忆道：

> 曼德拉先生在外面等我，这让我感到既高兴又谦卑。他热情地向司机和我打招呼，然后示意我们进入房子。然而，按照传统的公司行为礼节，司机应该静静地后退，留在车里。曼德拉先生邀请我去吃早餐。就在我们开始吃饭

之前，曼德拉似乎想起了什么：“彼得，我还以为你们有两个人呢。”我回答说：“不，先生。我是一个人来的。”“另一位先生呢？”他坚持问。我回答说：“先生，那个人只是个司机。他会在车里等着。”这时，曼德拉先生站起来，走到司机所在的地方。他向司机做了自我介绍，请他和我们一起吃早餐。随后，曼德拉先生走到厨房说：“杜米和我们一起吃早餐，我们能再要一个盘子吗？”④

彼得从未忘记这次与曼德拉相处的经历，杜米同样也无法忘记。彼得回忆说：“当领导者学会看到这些看似卑微的头衔（司机、警卫和仆人）背后的个人价值时，从事这些工作的人不仅会感到被赏识，还会迸发出新的激情和活力。这使得他们在自己的工作上表现更出色，同时他们也会找到个人成就感。”这就是伟大领导者对他人产生的影响力。但即使你还不是一个伟大的领导者，你也可以关心他人。只要你有这方面的意识就是好的开端！

没有什么比得到别人的尊重和重视更能鼓舞人心了。作为第二层级领导者，你的目标应该是意识到人的独特性，并学会欣赏他们的差异。你需要让他们知道自己很重要，把他们每个人视为个体，而不仅仅是员工。这种态度会对他人产生积极的影响，并提高你的领导力。

在我牧师生涯的开始，父亲给了我一条很好的建议。他说：“孩子，绝大多数走进教堂大门的人都感到被低估、不安全和失落，而改变这一点恰恰是你的工作。”我从未忘记这一点。在26年的牧师生涯中，我总是努力遵循父亲的建议。我还尝试将其纳入我的业务关系中，甚至在家里也这样做。每天我都让我的妻子玛格丽特（Margaret）知道我是多么珍惜她。当我们的孩子长大后，我们努力营造一个充满重视和关爱的环境。作为祖父母，玛格丽特和我很高兴地看到我们的孙子孙女像他们的父母一样茁壮成长，我们每天都向他们表达他们对我们有多么重要。

所有伟大的企业、政府、教育机构和宗教组织都有一条共同的脉络贯穿其中，这条脉络就是对每个人都给予重视和尊重。作为一名提升到第二层级的领导者，你可以为你的组织树立这样的榜样。

5. 认同领导力培养信任

从第一层级提升到第二层级的领导者不再试图给他人留下深刻印象以维持其地位，而是开始建立信任以维持其关系。这可能并不容易做到，因为领导者往往更看重给别人留下深刻印象，而不是坦诚地对待他人。我的朋友比尔·海贝尔斯在他的著作中讲述了一个典型的故事，说明了当领导者希望给别人留下深刻印象时会发生什么。

> 一位新晋升的上校在海湾战争期间搬进了一间刚刚建好的临时办公室。他刚到办公室，正在整理东西，突然看到有一个带着工具箱的士兵朝他走来。
>
> 为了让自己显得重要，他迅速转过身，拿起了电话，说道："是的，施瓦茨科普夫将军，是的，当然没错，我认为这是一个极好的计划，"他说，"我支持你们。感谢来找我核实。保持联络，再见。"他轻快地挂断电话，转过身来。

“我能为你做些什么？”他问二等兵。

“哦，我是来给您接电话线的。”⑤

信任是认同的基础。如果你对人诚实，你就会建立起信任。你得到的信任越多，关系就越牢固。人际关系越好，领导者获得下属认同的可能性就越大。这是一个需要时间、精力和意愿的构建过程。

退役海军上将詹姆斯·斯托克代尔（James Stockdale）说：“当危机来临时，人们会紧紧抓住那些他们可以信任的人，远离不信任的人；他们会靠近那些与他们相关的人，远离无关的人。”这就是认同的力量。在困难时期，人际关系是一个庇护所。当机遇到来时，人际关系是一个加速器。信任带给人们安全感，它是创造、分享、提问、尝试和冒险的必要条件。没有它，领导力就会被削弱，团队合作也不可能实现。

当危机来临时，人们会紧紧抓住那些他们可以信任的人，远离不信任的人；他们会靠近那些与他们相关的人，远离无关的人。

• • •

认同的劣势

【肩负建立积极人际关系的责任】

如果你像我一样属于关系型，你可能会对自己说：发展人际关系、建立信任并在员工认同下领导他们，这怎么可能会有负面影响？这一切不都很好吗？我的答案是否定的。虽然积极的一面确实远远大于消极的一面，但第二层级仍然有劣势。以下是我观察到的情况。

1. 对某些人而言，认同领导力似乎过于软弱

在一个作风强硬、追求高绩效的领导者扎堆的环境中，一些人可能会认为认同领导力过于软弱。关心他人和建立关系可能会被视为软弱，对那些天生认为行动（而非情感）更加重要的领导者来说尤其如此，他们会对认同领导力不屑一顾。认为认同领导力是软弱的思想大错特错，它将会极大地阻碍领导潜能的发展。

据我观察，大多数人在刚开始领导工作时要么关注领导的“硬”指标，即业绩方面，要么关注“软”指标，即关系方面。那些从硬指标开始而拒绝学习软技能的人往往停留在第一层级领导力。他们希望进入第三层级业绩领导力，但如果不先学习并在第二层级上取得成功，他们就无法实现这一目标。

相比之下，那些从软指标开始的人很高兴也很轻松地达到了第二层级认同领导力，但如果止步于建立良好关系，他们也会陷入困境，永远也不会达到第三层级。成为一个好的领导者既需要认同，也需要业绩。

我的领导生涯是从软指标开始的。好消息是：我很快与人建立了关系。坏消息是：我一直都不想做艰难的决定。我发现爱别人很容易，但当爱别人有碍于领导他们时，我就会停止领导，原因之一与我的成长环境有关。我在一个充满爱的家庭中长大，因此我错误地认为我可以通过爱他人而达到最高层级。所以我就掉进了一个陷阱，只想做出所有人都认同和接受的决

定。我被困在第二层级，因为我的“软弱”成了阻碍领导力发展的“盖子”。

经过一场内部危机，我终于明白自己做错了什么。这场危机发生在印第安纳州南部的一个小乡村教堂里，在我第一次担任牧师期间。每年信众都会投票决定是否让牧师留任。在教会的第一年，作为一名年轻的领导者，我的思想和行动方针一直是让所有人都满意。我尽我所能做到这一点，并认为我已经成功了。

然后投票结果出来了。我永远都不会忘记投票结果：31 票赞成，1 票反对，1 票弃权。我很震惊！如果你的目标是取悦所有人，而只要有任何一个人不满意，那就是失败。我不敢相信有人不喜欢我，还有一个人甚至不在乎我是否留任，这对我而言太糟糕了。

那天晚上，在所有人都离开后，我给父亲打了电话。

“爸爸，”我说，“我不知道该怎么办，我是该留下还是该离开？”听到他在电话另一端大笑，我很震惊。

“儿子，相信我，你需要留下来，”他回答道，“这是你所经历的最好的投票了。”

后来我留下来了，但我的领导方式依然存在问题。在接下来的几个月里，我不断问自己两个问题：谁投了我的反对票？我做错了什么？当时的我尚不成熟，我以为好的领导者总是能得到每个人的认同，他们既不必处理冲突，也可以避免做出艰难的决定。（顺便说一句，我的父亲是对的。在我的职业生涯中，这真是我经历过的最好的投票了。）

几个月来，我一直被这种错误的想法困扰着。但后来我意识到，我真正的问题是：我一直在努力取悦他人，我的目标是让每个人满意，这是个错误的目标。作为一名领导者，我的目标应该是帮助他人，而不是取悦。

这一认识改变了我的领导方式。有史以来，我第一次获得了自由。我不再被每个人的意见所束缚，因为那种状态极其不健康。我可以专注于我认为对组织和员工最有利的事情。让每个人都满意并不是负责任的做法，甚至是不可能实现的。认识到这一点让我更加勇敢，同时也更加现实。

我需要在我天生倾向于建立关系的软技能基础上，增加领导力的硬指标。其他人或许必须学习软技能，来弥补强调硬指标的片面，关键是这二者缺一不可。如果你只注重关系的建立而没有效率，你和你的团队就不会取得任何进展。如果你在没有建立关系的情况下着重于工作效率，你可能会在开始时取得一点进步，但从长远来看，可能难有更大成就，因为你要么疏远了你的员工，要么让他们精疲力竭。只有同时学习“硬”和“软”这两方面的知识，你才能在领导力方面取得成功。

2. 认同领导方式可能会让急于求成者感到沮丧

急于求成者想把事情做好，而且是立刻做好！他们通常不想因为任何事情或任何人而放慢脚步，而想发挥认同领导力的作用却恰恰要求他们必须这么做。建立关系需要时间，甚至需要一个缓慢的过程。

如果组织内的一端是忽视人际关系、急于求成的人，而另一端是高度重视发展关系、把关系视为目标的人，这两种情况都是不健康的。事实上，领导者无法提升到第三层级的最常见原因是他们过于依赖关系，以致忽略了领导的首要目标——帮助他人共同工作、向前迈进并实现目标。当关系成为他们的终极目标时，专注于最终结果的追随者就会变得焦躁不安。当这种状况发生时，他们通常会做出以下两个选择中的一个：接管权力或辞职离开。想要成为一名成功的领导者，你必须在结果和关系这两个方面都有所成就。

如果你在领导中忽视人际关系而急于求成，更注重结果，你可能会对自己说，我不需要发展人际关系就能成为一个好的领导者，我并不认为一个领导者真的需要认同层级。我的回答是：只要你能成功，人们就愿意跟随你——即使你对他们很苛刻，或者采取职位领导方式。然而，如果你不放慢速度、不建立人际关系，一味以实现目标为导向，他们中的一部分人会希望看到你失败。正如一句俗语所言：如果你在攀登的过程中踩到别人的手指，他们可能会在你下山时绊倒你。就算并非如此，如果你失败了，他们也会庆祝你的失败，然后抛弃你并继续前行。

> 如果你在攀登的过程中踩到别人的手指，他们可能会在你下山时绊倒你。

3. 认同领导者可能会被利用

非关系型领导者通常被视为直截了当的领导者，职位领导者经常利用自己的职位来疏远下属，急于求成者有时会恐吓他们的追随者。但当领导者属于关系型，追随者会自然而然地接近他们。然而，员工有时也会把这种善良误认为是软弱。他们认为领导的鼓励意味着他们不必尊重界限，领导的授权意味着他们有自由做任何他们想做的事。结果就是，关系型领导者被利用了。

我不得不承认这件事曾经发生在我身上。当我鼓励大家时，有些人则借此做文章并加以利用。与那些和我共事的追随者建立起良好的人际关系虽然使我收获了十分珍贵的终身友谊，但也导致了一些终生难忘的遗憾和失望。

当你在第二层级与他人建立关系时，我相信你会发现四种人：

- **索取者：**利用关系改善自己，而非改善你或其他人。他们借用你的影响力，但把好处留给自己。
- **建设者：**以积极的方式利用关系，改善自己和你。
- **游手好闲者：**依靠与你的关系过活，但从不利用关系做出贡献。他们四处闲逛，等待好事降临，满足于依靠他人的成功而生活，从不承担自我成长的责任。
- **真朋友：**那些享受与你交往的人，他们回报你的好意，从不居心叵测地利用关系为一己谋利。

建立人际关系会带来风险，这与你敞开心扉坠入爱河是一样的。当然，你可以保持警惕以免受伤害，但你也永远不会有机会拥有深厚的、有回报的关系，而这种关系将丰富你和他人的生活。我希望你能够选择去建立这样的关系。我在领导生涯早期就做出了这样的选择，尽管我受到了伤害，偶尔也有人利用我，但我并不后悔。大多数人都尊重这种关系，以正确的方式对待它，并为我带来了巨大的价值。

4. 开放的认同领导力才会有效

作家兼牧师里克·沃伦（Rick Warren）提出："你可以从远处给人留下深刻印象，但要想影响人们，你必须接近他们。"当你这样做时，他们就能看到你身上的瑕疵。然而，沃伦指出：“领导力最基本的品质不是完美，而是信誉。人们必须能够信任你。”

> 领导力最基本的品质不是完美，而是信誉。人们必须能够信任你。

大多数人不想承认、暴露他们的错误，不想正视自己的劣势，不想被他人发现自己的不足。他们也由于生活中的消极因素而回避与人接近。当获得了领导职位后，隐藏自己弱点的冲动会变得更加强烈。大多数人认为，作为领导者，他们必须展现出更强的力量。然而，如果领导者试图与他们领导的人保持表面关系，就无法建立真正的关系。

为了在认同层级上建立真实的关系，领导者必须是真实的。他们必须承认自己的错误，必须认识到自己的劣势。换句话说，他们必须展现真实的自我。很多领导者不擅长这样做。说实话，这也是很多领导者无法从第一层级提升到第二层级的主要原因之一。

5. 对天生不讨喜的人来说，认同领导力很困难

老实说，我们必须承认有些人天生就有与人相处的天赋。他们与他人互动良好，很容易发展关系。第二层级对这样的人来说是很自然的。那些天生不擅长与人合作的人该怎么办呢？对他们来说，升到第二层级通常不那么容易。如果他们想赢得别人的认同，他们必须努力让自己更讨人喜欢。

多年来，我一直在观察很难与他人相处的领导者，并问他们为何会这样。我的结论是：在大多数情况下，不讨人喜欢的人也往往不太喜欢别人。我不是说他们讨厌别人，而是说他们

对别人的关心不够，无法投入与别人建立良好关系所需的精力。

我相信，只有愿意支持他人的领导者才能与他人一起取得成功。怎样做到这一点呢？以下几点可供你参考。

- 决定关心他人。喜欢别人和关心别人是你可以做出的选择。如果你还没有做出这样的决定，那就立刻采取行动。
- 在你认识的每个人身上发现一件值得你喜欢的闪光点，这一定是存在的。找到它就是你要做的工作。
- 发现自己的可爱之处，尽你所能与你遇到的每个人分享。
- 每天努力表达你对生活中每个人的喜爱。

如果你想赢得下属的认同并有效地在第二层级上领导他人，你必须喜欢别人，并且变得更讨人喜欢。

6. 认同领导力迫使你与每个人的方方面面打交道

汽车业先驱亨利·福特（Henry Ford）曾问："我明明只是想要得到员工的一双手，为什么我总是要面对他的全部？"让我们面对现实吧：人际关系是很复杂的。许多领导者宁愿只在工作范围内与人打交道。但事实是，当你领导员工时，你总是要面对他们的一切，包括他们的缺点、家庭生活、健康问题和各种怪癖。

好的领导者明白领导的核心是与人打交道，能够与每个人好的方面、坏的方面甚至丑陋的方面打交道。这是第二层级上需要做的事情。领导力专家沃伦·本尼斯（Warren Bennis）和伯特·纳努斯（Burt Nanus）这样说：

> 领导力本质上是关于人的学问。大学和企业都严重忽视了这一点，过分强调正式的定量工具、明确的问题以及可笑且过分简化的“人际关系”案例。我们发现，领导级别越高，企业的人际关系和人性化程度越高。我们的高层管理人员大约90%的时间都在处理关于人的复杂问题。[6]

坦率地说，我们必须承认员工的复杂问题可能让领导力失去乐趣。很多时候，当我们开始了解别人，看到他们的缺点时，我们对他们的幻想就破灭了。我们经常会像鸡尾酒会上的女人一样，尽力让自己看起来快乐。有人注意到这位女士手指上戴有一块巨大的闪闪发光的石头，大声喊道：“哇！多漂亮的钻石啊！”

“是的，”她说，“这是卡拉汉（Callahan）钻石。”

“我希望我也有一颗！”旁观者回答。

“不，你没有。”女人尖刻地回答。

“为什么不呢？”

“因为它伴随着卡拉汉诅咒。”

“卡拉汉诅咒——那是什么？”

她深深地叹了一口气，神情凄凉地说：“卡拉汉先生！”

我们对别人了解得越多，可能就越失望。为什么会这样？因为我们每个人都有缺点和令人讨厌的习惯，我们都不是完人。尼克松（Nixon）时代结束后，著名牧师比利·格雷厄姆（Billy Graham）说：“每个人心中都有一个水门事件（Watergate）。”我们必须学会接受彼此之间的这一点，并继续合作。

作为一名领导者，你可能只想与你喜欢的人或与你高度兼容的人建立关系，而忽视其他人。然而，这样做可能会失去很多人。需要记住的是，虽然我们的共同点可能会让关系变得愉快，但差异才会真正让关系变得有趣。第二层级的优秀领导者成功地处理了这些差异，并利用这些差异为团队和组织带来利益。

好的领导者能够看到残酷的事实，看到下属的短板，并勇于面对现实，且以优雅和诚信的态度去践行领导力。他们不回避问题，而是尽力解决这些问题。废奴主义（Abolitionist）领袖弗雷德里克·道格拉斯（Frederick Douglass）曾经说过，不耕种就不能收获庄稼，不打雷就不能下雨。建立了良好关系的领导者明白冲突是进步的一部分，且冲突往往能起到建设性作用。

第二层级的底线是，领导力的大部分消极方面来自与人打交道。如果你关心他人，理解他人，那么你要意识到事情不会一帆风顺。如果你在到达认同层级领导力之前就有了这种预判，你就可以秉持着积极态度和开放心态进行领导。你知道，只要一息尚存，人们就不得不去处理各种繁杂和困难的局面。

● ● ●

第二层级的最佳表现

【如何得到他人的认同】

在第二层级上，如果你发现自己所处的阶段需要努力获得他人的认同，你应该怎么做？你如何充分利用发展的机会成为一名关系型领导者？请遵循以下指南。

1. 在尝试与他人建立关系之前先与自己建立关系

与人交往和建立关系的秘诀之一是了解和喜欢自己。在我的《共赢》(*Winning With People*) 一书中，我称之为镜像原则，即"我们最先审视的人是我们自己"。建立关系的第一步总是从你自己开始。如何理解这一点呢?

我必须了解的第一个人是我自己——自我认知

人类的天性似乎赋予了人们评估世界上每个人的能力，除了他们自己。很少有人天生具有自我认知的意识。那么一个人该怎么做呢? 答案是成为研究自己的人。了解你的长处和短处，学着让别人来评价你，了解你在各种情况下的思维、感受和行为方式。一旦你知道了你是谁，就忘掉自己并把注意力放到他人身上，这样你就会有效地与他人建立联系。

我必须与之相处的第一个人是我自己——自我形象

我认识一些人，他们一生中从未与自己和解。他们不喜欢自己的样子，或者他们希望自己拥有不同的天赋或不同的性格。他们不喜欢自己的出身或者未来的出路。他们有太多可以改变自己的地方，并且也在为之努力。但是，也有很多方面无法改变，那就要学会接受它们。接受托马斯·杰斐逊（Thomas Jefferson）的建议：原则问题上，必须坚如磐石；风格问题上，可以随波逐流。

第一个给我带来麻烦的人是我自己——待已以诚

喜剧演员杰克·帕尔（Jack Paar）打趣道："回头看，我的生活就像一场巨大的障碍赛跑，而我是主要障碍。”大多数在生活中一事无成的人都应该责备自己。他们不相信自己，他们给自己制造麻烦，然后假装这是别人的错。他们想要改变，但从未成长。一个人很难在自欺欺人的同时取得成功，即使少数几个能做到的人也无法长期维持下去。如果你想建立关系，你需要从诚实地面对自己开始。

我必须改变的第一个人是我自己——自我提升

如果你想改善自己的生活，那么你必须做的第一件事就是让自己变得更好。作家塞缪尔·约翰逊（Samuel Johnson）建议：“一个人如果对人性知之甚少，试图通过改变自己性格之外的事情来寻求幸福，那么他只会在徒劳中浪费生命，感到更加悲伤。”我们往往从外界寻找问题的源头，而事实是多数问题源于自身。

第一个能够有所作为的人是我自己——自我负责

每一项重大成就都始于一个人脚踏实地，努力有所作为。然后，这个人将这种脚踏实地的作风传递给其他人。如果你不为自己负责，就不要期望你的生活发生任何变化。

2. 培养“以人为本”的领导风格

认同型领导者不依赖规则来领导下属，也不依赖于制度。他们从不试图用棍棒进行统治（任何这样做的人都需要知道，每根棍子最终都会折断）。相反，他们在与人打交道时都会采用个人接触的方式。他们倾听、学习，然后再去领导。他们建立起良好的人际关系，并且知道这种关系的维护是双向的。他们穿过“关系”这扇大门，走出去与员工建立联系。

> 领导一个组织不仅是制度问题，更是一个有关灵魂的问题，有效的领导力来源于互相理解。

西南航空的赫伯·凯勒赫说：“领导一个组织不仅是制度问题，更是一个有关灵魂的问题，有效的领导力来源于互相理解。如果领导者不具备人性意识，对属下的愿望和渴求缺乏敏感度，无法分析情感力量所能带来的行为后果，不论采取多少激励措施，这个领导者都不会成功。”

另一种表述方式是，好的领导者在他们所做的任何事情中，都不会把“人为因素”排除在外。他们总是把员工考虑进去——他们在哪里，他们相信什么，他们的感受如何。好的领导者提出的每一个问题都从员工的角度出发。知道该做什么还不足以让一个人成为好的领导者。某件事是正确的并不意味着人们就会心甘情愿地追随你。好的领导者会考虑到这一点，他们会据此思考和制订计划。

如果你想在第二层级取得成功，你必须少考虑制度，多考虑下属的情绪。你必须多考虑人的能力，而非规章制度。你必须更多地从员工认同入手，而非走程序化流程。换句话说，在你试图取得进步之前，你必须先考虑别人。作为一名认同领导者，如果你要做到这一点，你必须展现出始终如一的稳定情绪，保持乐观的态度，拥有善于倾听的耳朵，并向他人展示真实的自我。

3. 践行黄金法则

针对认同领导力的批评之一是，这种领导力极易被人为操纵。某些激励员工的领导者可能会利用领导力来谋取个人利益，牺牲他人利益。“操纵”和“激励”之间有一条细微的界限。然而，一个认同型领导者可以通过遵循黄金法则来控制这种倾向，防止从激励转向操纵。

我经常获得国际旅行的机会，与拥有不同文化、语言、历史、价值观和兴趣的各种各样的听众交谈。然而，所有人都要求我花些时间讲授有关人际关系中诚信的内容。在这种情况下，我总是教给他们这条黄金法则：“己所不欲，勿施于人。”这条简单的规则可以被所有人理解和践行，它建立了一个有意义且可实操的关系标准。这是可以在每一种文化和宗教中找到的核心教条。它是世界上最简单、最深刻、最积极的行为指南。下面看一看我能找到多少关于黄金法则的变体，以及它们来源于哪些不同的文化信仰。

基督教：“你愿意别人怎样待你，你也要怎样待别人。”

伊斯兰教：“只有爱邻如己才能成为真正的信徒。”

犹太教：“不可以将你所憎恶的施加于你的兄弟。这就是核心法则，其余全是补充。”

佛教：“以己喻彼命，是故不害人。”

印度教：“这是责任之大成；不要对别人做你不希望他们对你做的事。”

琐罗亚斯德教（即拜火教或祆教）：“凡自己不喜欢的，不要对别人做。”

儒家：“己所不欲，勿施于人。”

巴哈伊信仰：“如果你的目光看到正义，那就为你的邻居选择你想要选择的。”

耆那教："一个人应该像对待自己一样对待所有生物。"

约鲁巴谚语（约鲁巴为尼日利亚第二大民族）："拿一根尖尖的棍子去伤害小鸟的人应该先自己试一下有多疼。"

显然，这条黄金法则超越了文化和宗教的界限，为世界各地的人们所接受。在领导的过程中践行黄金法则又有什么作用呢？它使每个人都感到自己被尊重。这会改变一个部门或组织的整个环境。当领导者由在职位型环境中激励员工转变为在认同型环境中尊重员工时，员工会感觉自己从"利益无关者"变成了"利益相关者"。

践行"己所不欲，勿施于人"的黄金法则

4. 成为团队的动力源泉

多年来，我一直与福乐鸡连锁餐厅（Chick-fil-A）的领导者凯西家族维持良好的朋友关系。有一天，当我与公司创始人特鲁特·凯西（Truett Cathy）共进晚餐时，他说："你知道我如何识别需要鼓励的人吗？只要这个人还在呼吸，他就需要有人拍拍背鼓励他！"

我还没有遇到过一个不喜欢被鼓励、无法从中受益的人。没有人会因为太成功、太老练、太有经验或受过太好的教育而不去欣赏别人的积极赞扬和鼓励。刘易斯（C. S. Lewis）和托尔金（J. R. R. Tolkien）这两位才华横溢的作家与老师的生活就是很好的例子。这两位朋友都是牛津大学的教授，他们经常见面分享他们正在写的小说。当托尔金写《指环王》（*The Lord of the Rings*）时，他变得灰心丧气。刘易斯不断鼓励他的朋友善意的话语可能简短易懂，但它们带来的回响是无穷无尽的。

继续写作。“托勒（Tollers，刘易斯对托尔金的昵称），下一章在哪里？你现在不能放弃。”刘易斯也会以责备的口吻督促托尔金。在之后的几年里，托尔金承认刘易斯的积极投入带来了极大的效果：“我欠他的难以言表，无法估量。”“长期以来，他是我唯一的读者。”

作为一个领导者，你具备鼓舞他人的巨大力量。特蕾莎修女说：“善意的话语可能简短易懂，但它们带来的回响是无穷无尽的。”我相信在托尔金努力写他的奇幻小说时，刘易斯鼓励的话语一定萦绕在他的脑海里。作为一名领导者，你可以对他人产生类似的积极影响，因为人们都喜欢得到同伴的肯定，但他们更加重视来自领导的鼓励。“我很高兴与你一同工作，你为整个团队带来了极大的价值。”这样的一句话意义重大，当说这句话的人是最关心团队、部门或组织利益的领导者时，效果更显著。

如果你想让员工变得积极，看到你来总是很高兴，你就需要不断地鼓励他们。如果你成为团队成员的动力来源，员工就会竭力工作，他们的努力会极大程度地满足你的积极期望。

5. 在关心和坦诚之间取得平衡

许多人在熟悉了认同领导力的概念后，对其产生了错误的认识。一些人认为，在认同领导力上取得成功意味着要像对待家人一样对待团队中的人。这是不正确的。领导者不会用对待员工的方式来对待他们的家人，至少我不会这样做。我对家人的承诺比对其他人更深刻。无论家人做什么，我都承诺给予他们无条件的爱。他们享有我不会给予其他人的特权。妥协是永恒的（任何说他们不相信妥协的人要么从来没有结过婚，要么没能维持住婚姻关系）。家庭的伟大之处与团队的伟大之处不同。家庭重视“和谐”多于“贡献”，企业重视“贡献”多于“和谐”。最好的团队会在两者之间取得平衡。

另一些人认为，成为一名认同型领导者意味着允许团队成员做任何他们想做的事情。这种想法也是错误的，因为你关心别人并不意味着允许他们不负责任地工作。如果你关心别人，尊重他们，与之建立积极的关系，那么你实际上有更多的机会与他们坦诚交谈，与他们进行可能令人不快的对话，这将有助于他们的成长和表现得更好。

每个人在工作中都有问题，都会犯错误。每个人都需要提高，需要有人在身边帮助他们提升自我。作为一名领导者，帮助他们变得更好是你的责任和特权。这通常是从坦率的谈话开始的。但在进行之前，首先要问问自己问题的本质是什么。我的朋友山姆·钱德（Sam Chand）说，当他和一个人有分歧时，他会问自己一个简单的问题：“这个人是**不能**还是**不愿意**？**不能**是能力问题，我们在大多数情况下可以帮助这类人——不是所有情况下都可以，但在大多数情况下可以。但**不愿意**是态度问题。如果问题出在态度上，那么现在是时候让这个人知道有问题了，因为事情是这样的：我们因员工的能力雇用他们，又因其为人解雇他们。”

我相信员工可以改变自己的态度并提高能力。正因如此，我会和他们谈谈他们的不足之处。如果你是一个领导者，你想帮助别人，你就得愿意进行那些艰难的对话。那么，一个领导者在努力推动员工前进的同时，如何处理好人际关系呢？这需要在关心和坦诚之间取得平衡。没有坦诚的关心就会导致人际关系功能失调，而没有关心的坦诚则会导致关系疏远，拥有坦诚的关爱之心才能发展并建立良好的人际关系。

以下建议将帮助你理解关心和坦诚如何相辅相成，使领导者在第二层级取得成功。

关心重视人的价值，坦诚重视人的潜能

要在第二层级或更高的层级上成功领导，你必须重视他人的价值，这是稳固关系的基础。关心他人表明你重视他们。但是，如果你想帮助他们变得更好，你必须诚实地告诉他们需要怎样做才能提高。这表明你重视这个人的潜能，这需要坦诚相见的心态。

坦诚的秘诀之一是，基于一个人有潜能成为怎样的人来思考、说话和采取行动，考虑你如何帮助他实现这样的目标。正如谚语所讲：朋友的创伤是忠诚的，敌人的吻是诡诈的。⑦

如果你为了别人好而对他人坦诚相待，这不一定是有害的。这类似于外科医生的工作，虽然这可能会让人感到痛苦，但它的目的是帮助病人而非伤害他们。作为一名领导者，你必须愿意并且能够做到这一点。否则，你将无法帮助你的员工成长和改变。

关心建立关系，坦诚扩展关系

共同的背景和关心有助于建立一段人际关系，但这些东西通常不足以使关系进一步发展，扩展关系需要坦诚和开放的沟通。

与我交谈的大多数领导者都知道他们应当与员工进行艰难的对话，却在回避此事。通常他们不愿意这样做的原因有两个：要么他们不喜欢冲突，要么他们担心自己会伤害到谈话对象。

但如果一位领导者能够在关心和坦诚之间找到平衡，那么这样的对话实际上会加深和强化关系。

举例而言，谢丽尔（Sheryl）是我的员工之一。因为她是一个非常有潜力的积极分子，六个月来，我一直在观察她的工作，我发现她在领导方面非常出色。她精力充沛，且很有条理。她是一个很好的计划者，总是能把事情做好，但她完全忽视了领导力的软指标——人际关系部分，没有赢得下属的认同。因此，她没有获得影响力，这意味着她的领导力将非常有限。

我安排了一次与她会面的时间，以便坦诚地讨论她的领导风格。我让她知道我是多么尊重她的能力，多么关心她这个人，但我也让她知道她在哪些方面做得不够，以及这将如何限制她领导他人的能力，我还提出想在这方面对她进行指导。值得称赞的是，她接受了我的批评以及帮助。

在接下来的几年里，我定期与她会面，修正她与他人的互动方式，给她布置阅读作业，并要求她做一些能使她突破自我的事情。后来她不断成长，逐渐成为一名领导者，并开始在第二层级上赢得下属的支持。不久之后，她就和组织中的许多人一起逐步提升到第四层级——育人领导力。

并不是每个人都对坦诚的谈话反应良好。让我们大胆面对这个现实：坦诚会造成伤害。当你批评他人时，有些人会一蹶不振，另一些人会辞职离开。然而，如果你与某人进行坦诚交谈，且这个人能够坚持下去并持续成长，那么他会使自己提升到第三层级或者更高的层级，就像谢丽尔做到的那样。

关心定义关系，坦诚指导关系

关系的牢固程度取决于关心的程度，但关心彼此并不意领导者必须为多数人的利益做出最好的决定。因此，一旦伤害到团队或组织的利益，领导者就应该放弃对某个人的迎合。

味着会一起实现目标。让团队一起行动以实现目标是领导者的责任，这通常需要坦诚。我的朋友科林·休厄尔（Colin Sewell）是几家汽车经销商的老板，他对我说："领导者必须为多数人的利益做出最好的决定。因此，一旦伤害到团队或组织的利益，领导者就应该放弃对某个人的迎合。"

取得成果总是很重要，好的领导者永远不会忽视这一点。在一次篮球宴会上，一所高校的校长向教练和球队表示了热烈的祝贺。教练面带笑容地问校长："如果我们没有赢，您还会这么喜欢我吗？"

"我还是会很喜欢你，"校长回答，"并且我会怀念你和我在一起的时光。"

退役陆军将军、前国务卿科林·鲍威尔（Colin Powell）指出："良好的领导力涉及对团体福利的责任，这意味着有些人会对你的行为和决定感到愤怒，这是不可避免的。"如果你想领导好下属，你必须愿意和他们肝胆相照。

关心永远不应压制坦诚，而坦诚永远不应取代关心

显而易见的是，好的领导者必须同时具备关心和坦诚，你不能忽视任何一个方面。因此，为了帮助你保持二者之间的平衡，我创建了一份关心和坦诚的清单。在进行坦诚对话之前，请确保你对以下问题的回答都是肯定的：

- 我是否对这段关系投入的足够多，并且可以与员工坦诚

沟通？

- 我是否真正重视他们每个人？
- 我确定这是他们的问题而不是我的问题？
- 我确定我想要进行谈话不是因为自己感受到了威胁？
- 这个问题是否比建立良好关系更重要？
- 这一对话显然符合他们的利益而不仅仅是我的利益？
- 我是否愿意投入时间和精力帮助他们改变？
- 我是否愿意向他们展示如何做某事，而不仅仅是指出不对的地方？
- 我是否愿意并能够设定明确和具体的期望？

如果你对所有这些问题的回答都是肯定的，那么你的动机大概是正确的，并且你有很好的机会进行有效的沟通。

作为一名领导者，我发现与员工进行坦诚的对话是很困难的。我经常推迟那些艰难的对话，希望某个问题能够自己消失，但这种情况很少发生。也许你有同样的经历，如果是这样，你可以庆幸自己是正常的，因为其他领导者也面临同样的问题。但是，你需要知道坦诚对话是领导者的责任，而领导者必须以正确的方式和态度完成对话。当一名员工被雇用来完成某项工作但没有完成时，就会伤害团队和组织的利益。这时领导者就应该采取行动了。这或许是很棘手的问题，但从长远来看，这不仅对组织有好处，也对这名员工有益，因为他需要知道问题出在哪里。

下次当你发现自己需要进行坦诚对话时，请记住：

- 快速完成——把小问题扼杀在萌芽中。
- 在冷静状态而非愤怒状态下完成——使用关心坦诚清单

（caring candor checklist）。

- 私下完成——你想帮助对方，而不是让对方难堪。
- 深思熟虑，尽量减少尴尬或恐吓。

如果你的目标是帮助某人，改善团队，实现组织愿景，那么这就是你作为领导者应该遵循的道路。

当你与人共事并坦诚交谈时，请允许我提醒你另外一件事：坦诚是一条双向的道路。如果你想成为一名有效的领导者并进入第二层级，你必须让与你共事的人坦诚地对待你，同时你必须征求他们的反馈。你必须足够成熟，足够有安全感，能够毫无保留地接纳他人的批评并从中有所获益。领导力专家沃伦·本尼斯提出："有效的领导者会鼓励并奖励提出异议的员工。他们明白，尽管被时不时指出自己的不足会让人感到不适，但这是值得的，因为这种不适比'条件反射式回击'更能提高领导者做出正确决策的能力。"⑧第二层级的重点就在于关心他人，将所有相关人员考虑在内做出正确的决策，并建立牢固的人际关系，这是认同领导力的最佳状态。

• • •

认同层级的领导力法则

【影响力法则、增值法则、根基法则、
吸引力法则、亲和力法则、接纳法则】

如果你想用领导力法则来帮助你成长并获得第二层级的认

同领导力，那么考虑以下几点。

1. 影响力法则：衡量领导力的真正标准是影响力

归根结底，领导力的本质就是影响力。领导者帮助团队进步，齐心协力以实现有利于所有相关人员的目标。一个人如何让其他人自愿、出色、始终如一地做某件事情？答案是：通过影响他们。

当我最初开发五层级领导力的理念时，我称之为“五层级影响力”。为什么呢？因为每当领导者提升一个层级，他们的影响力就会增加。影响过程从第二层级开始，在该层级形成关系。从这里开始，领导力从强迫转向合作。

2. 增值法则：领导者通过服务他人来提升价值

为什么有人想成为领导者？是为了获得权力？获得更多自由？获得更高薪水？满足自尊？很多情况下，领导者的职业生涯都始于自私的动机。这或许不是一件好事，但如果我们愿意改变，把注意力放在别人身上，这也不一定是一件坏事。

我观察到，大多数不想晋升到第二层级的第一层级领导者都没能超越自私的动机，他们想要获得领导职位只是为了满足个人利益。要晋升到第二层级，领导者需要明白伟大的增值法则——做领导是为了帮助他人并为他们增值。

3. 根基法则：信任是领导力的基础

信任不仅是领导关系的基础，也是所有关系的基础。你无法影响那些不信任你的人。如果人们对你持消极看法，你就不能与他们建立积极联系。信任是凝聚人心的黏合剂。

信任始于第二层级，随着你攀登至更高的领导力层级，它会不断增长。如果大家信任你，他们就会愿意和你一起向上提升。如果没有信任，你会很快发现自己又回到了第一层级。

4. 吸引力法则：物以类聚，人以群分

我从青少年时期就开始研究领导力机制，我很早就知道物以类聚、人以群分的道理。志同道合的人相互吸引，这是常见的事实。一群人往往具有相似的年龄、价值观和背景。我还观察到，领导者吸引的是与他们相似的人，而不一定是他们想要得到的人。

在部门或组织中获得影响力，既可以是好消息，也可能是坏消息。如果聚集到你身边的人是关系型的、非地域性的、可教育的、生产力出众的，那么这就是对你领导力的正面评价。如果他们是职位型的、思想封闭的、缺乏动力的，则会对你的领导力产生负面影响。如果你想改变你的团队，就需要首先改变自己。

5. 亲和力法则：若要得人心，必先得其人

如果你想获得下属的认同，那就努力与他们建立联系。我把“亲和力”定义为有能力与他人建立互相认同的关系，从而增加对他人的影响力。这是你在第二层级必须做的事情，以赢得他们的支持并获得领导他们的权力。

6. 接纳法则：人们先接纳领导者，然后接纳他所描绘的愿景

领导者天生就有远见卓识。他们有宏伟的愿望和远大的梦

想，他们想赢得胜利，而且是大获全胜。但是如果没有一个伟大的团队，伟大的愿景往往会变成一场噩梦。只有团队合作才能让梦想成真。(我将在第三层级领导力探讨如何建立团队。)

通常领导者会与我分享他们的愿景，然后问："你认为我的员工会接受我的愿景吗?"当他们问我这个问题时，我知道他们不理解第二层级认同领导力的内涵，他们可能还没有与员工达成一致。我为什么这么说？因为他们问错了问题。他们应该问的是："我的员工接纳我了吗?"

领导者愿景的规模大小或价值往往不能决定愿景最终能否实现，决定因素通常是领导者的水平。在你要求员工向前迈进以实现愿景之前，他们必须首先认同你作为领导者的身份。在此之前，你必须赢得他们的信任并获得他们的认同。这是第二层级的核心所在。

• • •

帮助领导者提升到第三层级的信念

从第一层级提升到第二层级是领导力的一个重大进步。很多时候，当一个工作业绩表现突出的人被授予第一层级的领导职位时，人们顺理成章地期望这个人能够从员工直接过渡到领导者。但是，大多数领导新手未能顺利完成这个转变，因为他们从不理解与同事建立关系并获得他们认同的重要性。而在第二层级之后，领导者还有更高的领导力层级要到达。

如果你已经与他人一起努力达到了第二层级，并且作为一个关心他人的领导者，你已经获得了他们的信任，那么是时候开始像第三层级领导者那样思考了。要开始这种转变，请记住以下三件事。

1. 只有关系是不够的

尽管认同层级可能会让你和你的团队在人际关系上非常满意，但如果你停留在第二层级而不进步，你就无法真正证明自己是一名领导者。好消息是，如果你已经与你的团队建立了关系，那么你已经对他们产生了一些影响力。现在的问题是：你将如何利用这种影响力？

真正的领导力会带领员工实现目标，这样大家都能有所成就。这就要求领导者将员工的潜能与他们的表现联系起来。认同层级仍是领导力的基础，而不是最终目标。

2. 建立关系需要双向成长

在这一章中，我探讨了如何建立人际关系。在这一过程中，我强调员工需要**抱团取暖**。但要想让关系变得有意义，还需要另一种增长，那就是员工必须与领导者**共同成长**。相互靠近需要兼容性，共同成长需要意向性。

如果你已经结婚或处于一段重要的长期关系中，那么你可能了解这背后的动力机制。当你第一次见到你的伴侣时，你们会基于彼此的吸引力、共同点和共同经历而走向对方，从而建立了关系。然而，如果你从未超越最初的经历，这段关系就无法持续。要想一直在一起，你需要维持这种关系，这需要双方共同成长。如果你们没有一起成长，其结果很可能是你们不得不分开。

同样，如果你想成为一名有持久影响力的领导者，你必须与你的员工一起成长。仅仅与员工建立了良好的关系，并不意味着你在人际关系方面的工作已经完成了，你还需要付出更多努力。

3. 实现团队愿景值得冒险放弃关系

与人建立关系可能并非易事。但是要想成为一名成功的领导者，并提升到更高的领导水平，你必须愿意为了大局而放弃发展起来的关系，进行冒险一搏。领导者必须为愿景而牺牲。如果值得为实现愿景建立团队，那么它也值得你冒险放弃部分关系。

建立关系，然后冒着关系破裂的风险提升团队，这会给领导者带来压力。这种紧张会迫使你做出选择：是放弃愿景还是勇于突破？如果你想有所突破，你就需要让员工走出舒适区。这么做的结果可能会失败，引发团队内部的激烈冲突。员工可能会与你产生冲突或辞职，以此宣泄他们的紧张情绪。这是不可避免的，因为风险总是会改变人际关系。如果你冒险并取得成功，那么员工对你的信心就会大增。你们有着共同的经历，这使你们的关系更加牢固，对彼此的信任倍增。这样的团队会准备好迎接更艰巨的挑战。然而，如果你冒险失败，你将失去员工的信任，那么你不得不重建关系。

领导力总是伴随着风险。任何时候你试图前进，都会面临风险。即使你做了正确的事情，你面对的风险也不会降低。但是没有风险就没有进步，所以你需要习惯它。

底线是，你可以选择在领导生涯的早期阶段放慢脚步，在第二层级上建设人际关系，或者你也可以向前迈进，尝试直接如果员工与公司建立了情感纽带，并接纳公司的愿景，他们将倾注心血让公司变得更好。

跳到第三层级——但如果你这样做，你将不得不在未来回过头来建设关系。你需要认识到这样做会减缓你的发展势头，而你所需要的时间可能比一开始就建设好人际关系所需的更长。星巴克创始人霍华德·舒尔茨（Howard Schultz）说：“如果员工与公司建立了情感纽带，并接纳公司的愿景，他们将倾注心血让公司变得更好。”这是一个不争的事实。人与公司的关键联系是什么？那就是和他们一起工作的领导者！这位领导者是公司日常工作的面孔、心脏和双手。如果这位领导者能与员工产生联系并且真正关心他们，公司将产生巨变。

• • •

第二层级成长指南

当你思考与认同层级相关的优势、劣势、最佳表现和信念时，请采用以下指南，帮助你作为领导者快速成长。

确保你对待员工的态度正确

涉及认同层级的领导力时，关键问题是你有多喜欢别人，别人就有多喜欢你。好消息是，你可以控制自己有多喜欢别人。一般来说，如果你真的喜欢别人，他们会发现你也很讨人喜欢。这可能看起来非常简单，但请从今天开始，做出喜欢每个人的决定——即使对方不喜欢你。写下你的目标，然后签名并注明日期。如果你需要的话，把它放在你面前，每天提醒自己“以人为本”。

认识自己

要成为一个善于与他人建立关系的人，你就必须成为那种你想与之共度时光的人。利用本章中列出的五个要素与自己建立联系，为自己制定一个成长计划，这将有助于你实现以下目标。

自我认知——了解你的性格类型、脾气、才能、长处和短处。

自我形象——处理你可能遇到的个人问题，从而以积极的方式看待自己。

待己以诚——审视自己，不管有多么痛苦都要面对现实。

自我提升——承诺提高你发展人际关系的能力。

自我负责——承认你对自己的行为和态度负责。

了解你是什么样的人

你是更加重视人而非生产力的天生的关系型领导者吗？或者你是倾向于把生产力置于人之前的急于求成者？你必须认识到你是谁，并学会同时赢得关系和业绩。

向团队中的每个人表述其价值

花些时间，想一想你可以诚实地宣之于口的团队中每个人的优秀品质。然后在接下来的一周里花点时间，告诉每个人至少一种他们的优秀品质。

评估你在团队中的位置

写一份名单，列出团队成员的姓名。现在，通过回答以下问题［来自礼来制药公司（Eli Lilly）的基于五层级领导力的材料］，确定你对每个人的了解程度：

关于这个人，你知道哪三件工作之外的事情？

这个人看重什么？

此人最关心的三个问题是什么？

这个人对人生有怎样的期待？

如果针对团队中的某个人，你无法回答这些问题，那么你需要花更多的时间了解这个人。这周就留出时间来进一步了解他。

全然接纳员工

如果你想成为一名优秀的领导者，就不能只盯着员工的工作时间和劳动付出，而忽视他们的其他方面，这既不公平也不正确。要么学会帮助他人并承担和处理领导工作中的“烂摊子”，要么下台，不再领导（不要做一个站在一旁批评别人的领导）。

将乐趣作为目标

如果目标导向型领导想要发展更人性化的领导风格，可以选择的最佳方式之一是让工作场所更有趣。如果你更以任务为导向而不是以人为导向，那么在你的待办事项清单上把“工作乐趣”当作一个目标。这将使他人更愉快，同时使你更容易被人喜欢。

全神贯注地关注他人

许多人感到当下的职场中缺乏人性，士气低落。他们感到领导和组织并不把他们当作人来关心。为了应对这种情况，当你与员工交往时，要注意倾听。没有什么比全神贯注地关注别人更能表达你对他人的关心。除了时间，你什么都不用付出。

成为鼓舞团队士气的那个人

员工自然而然地被那些带给他们自信并让他们自我感觉良好的人吸引。如果你愿意有意识地鼓舞团队士气，你就可以吸引他们。你可以试试看，在接下来的两周里，每天对团队中的某个人说一些鼓励的话，然后观察对方的反应。与团队中的每个人一起这样做，他们不仅想要与你合作，还将完成更多的工作。

践行关心和坦诚

如果你关心你的员工，就希望对他们保持诚实，从而帮助他们。当你看到你的团队中有人犯了错误或在某些方面做得不好时，立即同他们坦诚交流。使用关怀和坦诚的清单来确保你做事的方式正确。记住：只要你在践行黄金法则，就很难出错。

05
第 5 章

业绩
第三层级

真正的领导者，才能实现目标

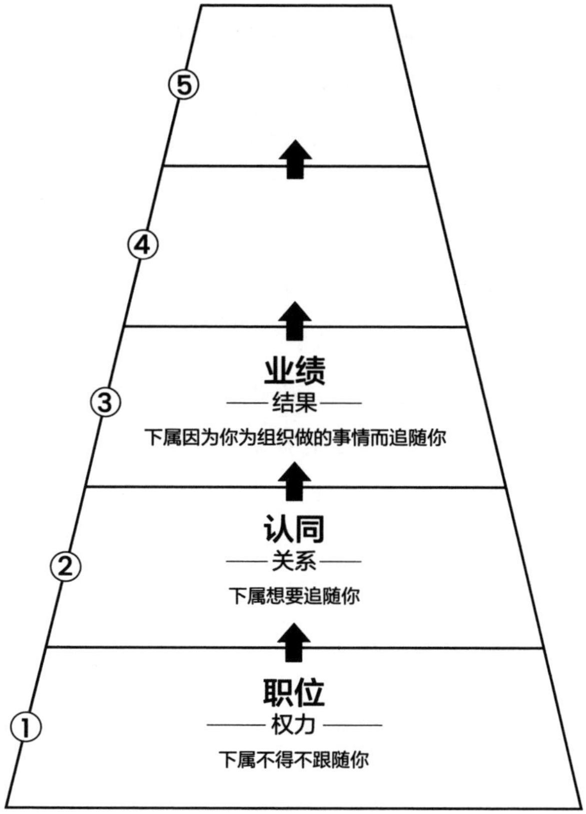

业绩层级是领导力真正起飞的地方，也是一个更高的层级。业绩可以用于评估领导者，并把真正的领导者与仅是占据领导职位的人区分开。好的领导者总能实现目标，得到成果，对组织产生重大影响。他们不仅能独立完成任务，还能帮助团队完成任务。这种能力带给第三层级领导者自信、可信度以及影响力。没有人能假装自己到达了第三层级，你要么是在为组织获得成果，并增加其最终盈利（不论具体是多少），要么就是没有达到业绩领导力。IBM 创始人托马斯·沃森（Thomas Watson）指出："每个年龄段的杰出领导者都是那些为自己设定目标并不断超越目标的人。"这可以很好地描述第三层级领导者的状态。他们自我激励，成果显著。最终，他们创造了前进的动力以及成功的环境，使团队变得更好、更强。

第三层级领导力的另一个好处是，它会吸引其他业绩高的员工，即高业绩领导吸引高业绩员工。他们互相尊重，彼此合作，一起完成任务，这最终有利于组织的发展。

领导者可以通过各种各样的方式到达第一层级，可能由于他们兑现了承诺、有关系、玩弄手段、凭借资历、所在组织处于困境等诸多原因，所以这个人被任命为第一层级职位领导者。你随便说出一个原因，可能这个人因此就获得了领导职位。天生善于与人相处或努力学习人际交往技能的领导者才可以提升到第二层级。但有些人永远不会从第二层级认同领导力提升到第三层级业绩领导力。为什么会这样？因为他们似乎无法产出业绩。这种情况通常是因为他们缺乏自律、职业道德、组织能力或获得业绩的技能。然而，如果你想进入更高的领导层，你只需要业绩，除此之外，别无他法。

• • •

业绩的优势

【你即将拥有领导的公信力】

随着业绩的增加，你的领导力开始大踏步地发展。以牢固的关系为基础，获得成果的领导者极大地改善了他们的团队和组织。第三层级的优势太多了，在此列举以下六点。

1. 业绩领导力带给领导者公信力

获得成果的能力一直是判断成功与否的分水岭，这也是合格领导者的底线。现代管理之父彼得·德鲁克（Peter Drucker）这样说：“商业界有两类人：一类是能成就最终结果的人，另一类是为自己没有成果找借口的人。”

真正的领导者知道如何提高生产力，并展示了自己是如何做到的。他们的领导力宣言由行动力支撑，进而产生成果。他们领导时依靠的是自己的表现，而不是潜能。他们以身作则，而他们获得业绩的能力往往会让批评者保持沉默，这种能力会

> 商业界有两类人：一类是能成就最终结果的人，另一类是为自己没有成果找借口的人。

树立起威信。

科林·鲍威尔断言："不管你写多少备忘录，做多少次激励性演讲，如果组织中的其他人看不到你每天都在尽最大努力，他们也不会尽力工作。"第三层级领导者会和员工一**起到达**目的地，而不是袖手旁观地看着他们**自己到达**那里，第三层级业绩领导者更像是导游而不是旅行社。为什么这点如此重要？因为人们总是更加相信我们所做的，而不是我们所说的。因此，第三层级领导者的可信度可以用一个词来概括——榜样。

最近我偶然浏览到历史上一位伟大的将军埃帕米农达斯（Epaminondas）的故事。作为底比斯（Thebes）的领袖，他是一位杰出的军事战略家，曾经击败了趾高气扬的斯巴达人。他的胜利给他带来了巨大的赞誉，但也在他的城邦内树立了敌人。

埃帕米农达斯的反对者轻易找不到摧毁或抹黑他的方法，因此他们试图羞辱他，让他负责收集城市的垃圾，这在一个肮脏的城市里是一项吃力不讨好的工作。

尽管他知道自己被委任这项工作是出于恶意，且工作的目的是羞辱他，但他还是保持自尊、接受了这项任命，并说："如果这个职位不能给我带来荣耀，我就要给这项工作带来荣耀。"①

我怀疑这个故事是虚构的，但它仍然证明了我的论点。如果我们出色地完成工作并帮助他人提高效率，我们将获得巨大的领导公信力。

我自己的职业生涯也证实了这一点。在我大学毕业并获得学士学位时，两个教会都向我提供了牧师的工作。一个在肯塔基州的梅斯维尔（Maysville），有优厚的薪水和福利，是开始我的牧师生涯非常合适的地方。另一个在印第安纳州的希尔汉姆（Hillham），那是地处偏僻的一个很小的教堂，甚至付不起我的全职工资。

我选择了希尔汉姆而不是梅斯维尔。为什么会这样？我想向自己和其他人证明，我可以领导他人，并建立一个教会。我父亲也建议我去希尔汉姆，他说在那里我能学到更多。这是我作为一名领导者做出的最好的决定之一。

在我领导该教会的三年中，它在许多方面得到了发展，变得更加繁荣，被认为是该教派中发展最快的教堂。我们甚至不得不购买一块土地，用来建造一座新的教堂。

正是在希尔汉姆，我学会了从第一层级职位领导力提升到第二层级认同领导力，再到第三层级业绩领导力。在那里，我在同行中的领导信誉逐渐建立起来，更好的机会之门很快也向我敞开。这就是为什么我认为每个年轻领导者都应该有一个像希尔汉姆这样的地方来学习如何领导。

诗人沃尔特·梅森（Walt Mason）写了一首名为《受欢迎的人》（*The Welcome Man*）的诗，描述了第三层级领导者享有的信誉。以下是节选：

> 世界上有一种人，不管走到哪儿都不会被拒绝；
>
> 他在人口稠密的城镇、在农民晒干草的地方都得到热烈的欢迎；
>
> 他在沙漠和森林深处受到欢迎；
>
> 无论他走到哪里，都有人欢迎他，他是提供福祉的人。②

人们欢迎那些能提供福祉——产生良好结果的成就者。

2. 业绩领导者为他人提供直观的榜样和标准

业绩领导者和成功者总是对和他们一起工作的人以及为他们工作的人产生影响。为了说明这一点，我想与大家分享我一直以来最喜欢的故事，叫作《销售员不是拼写员》（*Sel not Spel*）。

一个新入职的旅行推销员向总部提交了他的第一份销售报告。这份报告让销售部的高层大为震惊，因为新来的推销员居然错字连篇！

以下是他写的内容：

“对我所要销售的产品，他们（顾客）永远不会从我们这里购买任何货物，但是我还是把产品麦（sole）了出去。接下来我会去芝嘉哥（Chicawgo）碰碰运气了。”

销售经理还没来得及给他打电话，就收到了这位奔波的推销员从芝加哥发来的一封信：

“我莱（cum）了这里（芝加哥），麦（sole）出了价值50完（millyon）的货物。”

不知道是否应该解雇这个错字连篇的员工，销售经理只好把问题丢给了总裁。

第二天早上，在总部工作的所谓销售精英们惊奇地看到公告栏上展示着这位推销员写的错字连篇的两封信，上面还有总裁写的一张字条：

“我们锅去（ben）在文字拼写而非销售上花了太多的时间，让我们看看这位错字连篇的消售员（sails）是怎么做的。我希望每个人都读一读古奇（Gooch）的信，他正在做

很威大（grate）的事情，而你们也应该走出去像他那样做事。”㊀③

好吧，我承认这是一个老生常谈的故事，但我就是喜欢它，因为它显示了在任何组织中业绩都是最重要的。故事中错字连篇的古奇可能不是优秀的单词拼写者，但他肯定是第三层级业绩领导者。结果就是，公司总裁把他树为一个榜样让其他员工效仿。

领导力就是这样的，唯有业绩使员工从群体中脱颖而出。当业绩已经在第二层级完成之后，他的领导力就可以真正起飞了！

唯有业绩使员工从群体中脱颖而出。当业绩已经在第二层级完成之后，他的领导力就可以真正起飞了！

我付出了极大代价才学会了这一点。当我大学毕业的时候，要是有人能写一本这样的书，讲述那些我**不知道**的事情，我会少走多少弯路啊！当时的我只是个孩子，不知道自己知道的是那么有限。但我喜欢与人共事，工作也很努力，因此我可以得到可期的结果，最终新的机会也很快向我敞开了大门。当人们开始要求我在会议上发言并分享我的经历时，我喜出望外，因为我知道自己的影响力开始增长了。很快就有领导者开始访问我们的教会，并提出更多问题。这些领导者比我年纪大好几倍，也比我更有经验。这让我感到更加谦卑，也鞭策我去帮助更多的人。从那时起我开始积累资源，并希望在和大家首次接触之后，还能长期帮助他们，这就是我

㊀ 这段错字连篇的内容，说明了业绩——而非流于形式的表面工作——对销售人员的重要性。——译者注

写书和出书的起因。

我告诉你这些不是为了自夸，我真正想表达的是，任何一个有业绩能力的人都有机会在更高的层级上影响他人。这就是第三层级业绩领导力的力量。如果你能与员工建立牢固的关系，并且你能产出业绩，你就能成为一名高效的领导者。

业绩好的领导者是追随者的榜样，他们的业务能力为团队设定了标准。亚伯拉罕·林肯总统就是一位出色的业绩领导者，在美国南北战争期间，他解除了约翰·弗里蒙特（John C. Fremont）将军的指挥权。他的理由如下："他（约翰·弗里蒙特）的主要错误是他孤立了自己，不允许他人看到真实的他。"林肯确信领导者必须和下属在一起，用领导者的能力激励他们，让他们看到自己的表现并以此为标准。当领导者产出业绩时，下属也会产出业绩。富有成效的领导者依靠自身和团队的成果而茁壮成长，他们指引方向，而其他人紧随其后。

3. 业绩领导者使愿景更加清晰真实

优秀的领导者不断传达组织的愿景。他们清楚地、创造性地、坚持不懈地去这样做，但这并不意味着接收信息的每个人都理解并拥护它。领导力的业绩层级通过行动传达愿景，这有助于员工以前所未有的方式理解愿景。当追随者看到积极的结果，看到目标得到实现时，他们会更清楚地明白实现愿景意味着什么。

在美国独立战争中的一天，乔治·华盛顿（George Washington）骑马来到一群士兵面前，这时士兵们正试图把一根横梁抬到高处。监督这项工作的下士不停地喊着鼓励的话，但任务还是以失败告终。在看到他们的失败后，华盛顿问下士为什么不加入并帮助他们。

下士很快回答道："你知道我是下士吗？"

华盛顿非常有礼貌地回答道："请见谅，下士先生，我知道。"

说罢，华盛顿就下了马，和士兵们一起工作，直到横梁就位。他擦了擦脸上的汗水说："如果你们还需要帮助，可以叫上我华盛顿——你们的总司令，我会很乐意帮忙。"

第三层级领导者使员工明白工作应当达到什么标准。随着工作效率的提高，团队离实现愿景又近了一步，这会大大鼓励团队成员，也充分证明了员工的努力没有白白浪费。这使愿景更加清晰，也使它更加令人信服。业绩提升了员工的认知，因为随着信心和技能的提高，从事这项工作的员工认识到，他们实际上能完成的工作比他们自己想象的还要多。

4. 业绩领导者解决了大量问题

许多担任领导职务的人试图通过系统中的规章制度解决问题，有时他们还会花钱雇人来帮助他们解决这类问题。但事实是，领导者不能将所有问题的解决委托给其他人。他们要积极突破障碍，扑灭危险的火焰，随时纠正错误，这样才能带领员工一起前行。第三层级的业绩领导者如果这样做，他们的高效率就会在整个团队中传播开来，这将会是极具感染力的指引，业绩也会随之而来，很多问题由此迎刃而解。这比委托管理层或者雇用顾问能解决更多的问题。

历史学家和散文家托马斯·卡莱尔（Thomas Carlyle）提出：

没有什么能像成果一样建立人们的自信心和成就感。

"没有什么能像成果一样建立人们的自信心和成就感。"业绩成果令人振奋，那些自我感觉良好和自信的人通常会带来良好的结果，而良好的结果又会产生强劲的势头以及高昂的士气。

多年来，我一直在想，高涨的士气和高业绩能力孰先孰后。有关这个"先有鸡还是先有蛋"的问题，我听到过不同的论断。我看到过高昂的士气刺激了业绩，也看到过高业绩创造了高昂的士气。我不能说它总是单向的，但我知道的是：没有业绩，高昂的士气会很快消失。继续产出业绩，高昂的士气将持续很长一段时间。

能够在第三层级取得积极成果的领导者总是对团队产生积极影响，而不能产出业绩的领导者总会伤害团队的利益。在1812 年"美国第二次独立战争"中，尽管有 4 比 1 的人数优势，美国将军威廉·温德（William Winder）和他的军队还是输给了英国人，他本人也被俘虏。然而，英国人意识到温德的无能恰好使他成为一个理想的对手，于是就把温德释放回了美国。结果是，当英国人后来袭击美国首都时，他们轻松战胜了温德领导的防御部队，美军惨败。如果温德在担任将军之前能够晋升到第三层级领导者，也许他的军队可以在这次战役中阻止英军前进的步伐。然而事实是，他只是成功地帮助英国破坏了美国的基业。

第三层级领导者领导的业绩型组织是很难被击败的，他们的效率很高，士气也高昂。卸任将军乔治·马歇尔（George C. Marshall）说："士气是一种精神状态。它是坚定、勇气和希望。它是信心、热情和忠诚……它是持久力，是一种坚持到底的精神——胜利的意志。有了它，一切都有可能，没有它，其他一切……都将化为乌有。”

5. 业绩领导力产生前进的势头

如果一个领导有方的组织能够随着时间的推移保持高昂的士气和高效率，它就会获得强劲的势头，这一点对领导者来说至关重要。保持前进的势头可以使领导者的一切工作完成得更加轻松，这就是为什么我称之为“效果放大镜”。没有这种前进的势头，完成任何事情的难度都会变得更大。有了它，则世上无难事。

我和妻子住在佛罗里达州沿海的一条河边，这条河从我家流淌而过，一千多米后入海，因此我们每天都可以看到潮水的涨落。我有时喜欢在河里游泳，我注意到当顺着潮水游泳时，我前进的速度与我击水的速度和力度无关，反而取决于潮水的移动速度。顺着浪潮游泳，你会一往无前；逆着浪潮游泳，不论你多努力，你前进的速度都非常缓慢。潮涨船高，潮落船低，我们很难与潮汐抗衡。

领导力的势头也是如此。只要拥有了前进的势头，业绩实际上可以超越能力。例如，在苹果公司推出 iPhone 的时候，它引领了一股潮流，大大增加了其市场份额，不仅限于智能手机领域，在电脑领域也大获成功。在被边缘化为一家仅有少数忠实追随者的专营公司之后，苹果再次成为主流，逐步发展壮大。这就是为什么我经常建议领导者在创造势头而非解决问题上投入更多的时间。

第三层级领导力为创造前进势头创造了环境。业绩层级的领导者理解顺势而为的道理，并利用它推动组织发展。他们也明白，并不是组织中的每个人都有助于创造这种势头。谈起前进势头，有三种类型的人作用迥异。

（1）**前进势头追随者。**绝大多数人不会创造或阻止任何势头的产生，他们只是随波逐流。如果有了前进的势头，他们也会随之移动。如果势头消失，他们就会停止努力。他们的业绩和效率几乎完全取决于组织中其他人的做事方法。出于这个原因，他们需要一位能够创造高绩效环境的优秀领导者。这就是我把“士气”定义为“对领导者的信任”的原因之一。

（2）**前进势头破坏者。**第二类人实际上会损害组织的士气和前进的势头。他们不仅不创造业绩，反而阻止其他人产出业绩。无论是否出于本意，这类人都会引发问题并损害组织的利益。

（3）**前进势头制造者。**最后一类人是第三层级领导者。他们产出业绩、实现目标并创造势头。他们的所作所为与阿拉巴马州传奇足球教练保罗·布赖恩特（Paul Bryant）的建议是一致的，他说：“放心去结交朋友，也不必担忧会树立敌人，但要担心能否胜利，因为如果你赢了，你的敌人就无法伤害你；如果你输了，你的朋友也无法再支持你。”

如果你在职位基础之上建立稳固的认同关系，加上业绩层级的成果，你就会保持前进的势头。一旦这样做，你会发现你能够更快地完成工作。这就是第三层级领导力的优势。

如果你赢了，你的敌人就无法伤害你；如果你输了，你的朋友也无法再支持你。

6. 业绩领导力是团队建设的基础

没有人想离开冠军球队，但是所有人都想离开落后的球队。

大家都喜欢加入一个获胜的团队，这是人之常情。

赢家总会吸引他人——这些人可能是好人，可能是坏人，也可能是很平庸的人。建立成功团队的关键是从被你吸引的人们中识别、选择并留住那些最好的人。好消息是，如果你到达第三层级领导力水平，你就会知道何为业绩，因为你正身处其中。坏消息是，团队中人才辈出并不能保证成功。有了优秀的球员，你也可能会输球，但如果没有他们，你注定会失败。不同的结果源自你能否将他们组建成一个团队，我将在本章后面讨论这一点。但请记住：如果你不是一个业绩领导者，你就不能吸引和留住其他创造业绩的员工。这就是你必须要实现第三层级领导力的原因。

• • •

业绩的劣势

【领导的责任更加沉重】

与生活中的其他事物一样，业绩领导者既有优势也有劣势。在第三层级领导力上，组织内部更容易有所成就，然而领导本身不会变得更加轻松。以下是我发现的第三层级领导者的四个主要劣势。

1. 拥有高效业绩会使你以为自己是领导者，其实不然

所有伟大的领袖都拥有高业绩能力，然而高业绩者可能并不是领导者。个人成功并不总能转化为团队的成功。判断一个

人是否具有领导力，要看这个人如何对待他人以及为他人做什么，看这个人能否使团队增益，提高团队业绩。衡量的标准是整个团队的成就，而不是领导者的努力。优秀领导力的基础从来都不是建立在个人独立完成的事情上。

我知道有很多高业绩者不具备领导他人的愿望或能力。有些人不具备人际交往能力，另一些人没有为他人负责或者花时间帮助落后者提高业绩的动力。例如，泰德·威廉斯（Ted Williams）是棒球界最伟大的击球手之一，他是某个赛季中击球率超过 0.4 的球员。然而，他并不是一个成功的击球教练。当他的球员打得不好时，他会说："盯住球。"作为一个拥有超凡协调性的击球手，他能够通过观察球运动的轨迹来判断这是哪一种投球。在他看来，一切都很简单。他所要做的只是盯住球而已。但其他球员不具备这样的天赋，需要更多的指导。泰德·威廉斯是一名伟大的球员，但他从未成为棒球界的领导者。

全世界的组织都犯了一个错误，把高业绩的人放在领导岗位上，最终只能眼睁睁地看着他们领导失败。我有过这样的经历，也曾见到别人这样做，我当时就想：哇，这个人会成为一名出色的领导者。但是，那个人后来仅为个人目标服务，忽视了他的团队，并使团队受到重挫，显然他不是真正意义上的领导者。

为什么我们经常犯这样的错误？因为成为一个有效领导者的先决条件是个人的效率。这是一个领导者的资格标志之一，但不是唯一的要求。杰出的领导者必须在第一层级确立自己的地位，在第二层级获得人们的认同，在第三层级高效产出业绩，并愿意带领整个团队提升到更高水平。

2. 高业绩领导者对结果负有重大责任

我曾经看过一幅漫画，它描绘了一个展销会的现场，其中演讲者说道："我们的业务就像一场游戏竞技节目——只要有业绩，我们就欢迎你；如果不产出业绩，我们就只能送你点儿可爱的离别礼物。"这话听起来很幽默，但对领导者来说的确如此。如果足球队无法赢得比赛，教练就会被解雇。如果一家公司不盈利，首席执行官就会被解雇。如果一个政客没有为他的选民做好工作，他就无法连任。在任何组织中，领导者都要对最终结果负责，正如第二次世界大战中英国陆军元帅伯纳德·劳·蒙哥马利（Bernard Law Montgomery）所言："不论领袖多么伟大，如果不能获胜就无法长期生存。"

产出业绩是可以衡量的，组织成长是有形的，收益率更是可以量化的。领导者如果无法提高这三个指标，就要对此负全部责任。提高这三个指标的领导者会得到奖励，大家同时也希望他们未来取得更多成就。优秀的业绩一定和高度的承诺息息相关。

坦诚而言，许多达到第三层级的领导者都厌倦了领导，因为他们感到了责任过大所带来的压力。大多数领导者曾有过这样的体验，他们希望没有人关注他们的表现，没有人向他们寻求方向，也没有人希望他们有所成就。然而，拥有高业绩的领导者明白，领导力的成本就是将团队成功的责任扛在自己肩膀上。从第三层级开始，每个领导者都会感受到这样的压力，不管是否愿意，他们都必须承担。

不论领袖多么伟大，如果不能获胜就无法长期生存。

3. 拥有高效业绩的领导者需要做出艰难的决策

一家大公司最近任命一只流浪狗担任高级总裁。在被问及为何这样做时，董事会回答说："它有与人们相处的能力，对别人的鼓励可以做出迅速反应，也可以对别人的事情表现出兴趣，同时在不说话的情况下显得聪明，这些优点足以使它成为这个职位的天选之子。"要是领导力真的这么简单就好了！

每当你看到一个欣欣向荣的组织时，你都可以确信它的领导者曾经做过一些非常艰难的决定——并且现在还在继续做出这样的抉择。成功是一段艰难的旅程，没有人可以轻而易举地获得有效的领导力。身为亿万富翁的石油商和环保倡议者布恩·皮肯斯（T. Boone Pickens）说："乐于做出决定是优秀领导者最重要的品质。"

> 当我回首往事时，我更加遗憾当初没有做出的决定，而非做了错误的决定。

如果你想在更高的层级上领导，就要准备好做出艰难的抉择。在第二层级，领导者通常不得不开始做一些艰难的抉择。在第三层级，领导者除了继续做这些抉择之外，还要面对艰难的业绩抉择，这使得领导力更加困难。在我的早期职业生涯中，我已经意识到做决定是多么艰难的事情了。但当我回首往事时，我更加遗憾当初没有做出的决定，而非做了错误的决定，这或许会对你有所帮助。请不要落入我曾经陷入的拖延陷阱。

领导者在第三层级可能会做出哪些困难的决定？其中大多数是与领导者自己切身相关的、不得不做出的决定！我发现我在第三层级所做的决定中有 25% 与我的团队有关，其余的是有关改变、诚实和自律的个人行为，正如美国作家马克·吐温所说："做正确的事很美好，教别人做正确的事甚至更美好，其实也更容易。"这话说得太对了。

作为第三层级领导者，你必须做出艰难的决定。

- 在帮助他人成功之前，先要自己成功。
- 在要求别人达到某项标准之前，先要以身作则。
- 让自己对他人负责。
- 设定切实的目标，然后实现它们。
- 对结果负责。
- 迅速且谦卑地承认失败和错误。
- 只要求他人做到你已经做到的事情。
- 根据结果而不是意图来衡量你是否成功。
- 解决低效的问题。

我注意到，当领导者在第三层级面对这些困难的决策时，很多人都无法做出判断。他们可能无法及时意识到，如果不做出抉择，他们最终将失去领导自己或他人的资格。因此，他们的领导潜能受到抑制，无法保持在第三层级。

我清晰记得自己在第三层级上所面对过的艰难抉择，其中一些决定花了我很长时间。这绝非易事，即使在今天看来依然如此，但每一个决定都为我的领导力生涯带来了突破。

我鼓励你在领导生涯中勇于突破并持之以恒。在摩西（Moses）带领以色列人躲避埃及法老追杀的途中，红海挡住了他们的去路，人们都在等待着摩西的引领。面对这个巨大的挑战，他当时自言自语道："为什么总是我走在最前面？"这个故事告诉我们，带头向前或许并不总是容易或有趣，但这始终是对领导者的终极要求。这为追随者铺平了道路，增加了他们成功完成旅程的机会。

4. 业绩领导者需要持续关注第二层级

对团队的业绩负责并不意味着领导者可以不再关心他们的下属。切记：仅仅因为你的领导力层级得到提升，并不意味着你可以放弃之前的领导力层级。

业绩领导者总会受到一味追求良好业绩而忽视人际关系的诱惑。然而，如果领导者长时间这样做，他们与员工的关系会遭到破坏，最终发现自己又回到了第一层级。为了避免落入这个陷阱，业绩领导者需要不断发展人际关系，并在产生业绩的过程中关心员工。

第三层级的最佳表现

【如何得到最佳业绩】

对任何人来说，在第二层级稳固的人际关系基础上提升到第三层级都不是一件小事。许多人发现自己无法实现这一目标。如果你有机会成为业绩领导者，就要做到以下事情。

1. 了解你的个人天赋对愿景的贡献

提高领导力水平的关键之一是了解如何有效地利用你的天

赋和能力来推进组织的愿景，这和业绩领导力的发展息息相关。在前几章中，我讨论了了解自己和决定个人领导风格的重要性。本节内容略有不同。如果你是一个领导者，你必须拥有一个领导力愿景，至少在现阶段，它必须与你所服务的组织愿景保持一致。

我花了很长时间才意识到我真正的优势在哪里，以及如何利用我的优势为我领导的组织服务。发现这一点需要付出努力，而且过程往往不那么容易，但最终我明白我有特殊的天赋和能力（人人都有这些能力）。作为一名业绩领导者，天赋和效率之间有着密切的关系。如果我想发挥我作为领导者的潜能，我必须知道我个人对组织有什么贡献。对你而言也是这样。

举个例子，我和你分享一下我对组织或团队的业绩贡献最大的四个方面：

- 影响他人（领导力）
- 与人建立联系（关系）
- 与人沟通（说话）
- 创造资源帮助他人（写作）

这些构成了我的优势区间。对我来说，这是业绩的关键，也是获得最佳结果的关键。

但是仅仅知道这四点并不能让我摆脱困境，因为领导力是一个长期学习和实践的过程。现在的我和 20 世纪 70 年代初刚刚开始个人成长计划的那个我都同样致力于学习和成长。唯一不同的是，现在的我几乎完全专注于这四个领域的发展。在意识到我适合做哪些事情之后，我开始把精力全部集中在践行这些事情上。

你越专注于你的天赋所在的领域，你的成长速度就越快，你就越有可能成为一个有业绩的领导者。如果你想在第三层级发挥最大的能力，那么你需要遵循沃尔特·迪士尼（Walt Disney）的建议，他说："把你该做的事情做好，让那些看到你做事的人想要回来看你再做一次，并告诉其他人也应当看看你所做的事情。"

如果你想让你的团队或部门擅长他们所做的事情，那么你首先要擅长你所做的事情。业绩必须从领导者开始。首先把关注点聚焦在这里，之后你将赢得帮助他人提高和发挥潜能的机会。

2. 为需要完成的事情制定愿景

愿景的制定是领导的一个组成部分。模糊的沟通导致方向不清，进而导致执行力不足。高效领导者在组织的愿景和团队日常业绩活动之间建立了清晰的联系，展示了短期活动是如何影响长期结果的。他们的沟通过程清晰，不断为团队指明方向。

一个引人注目的愿景是清晰和明确的，同时具有开拓性和挑战性。愿景与团队的共同价值观保持一致，它的关注点是目标而不是手段，也与团队的天赋相匹配。当愿景被传达并得到理解时，整个工作场所都会充满能量！

领导者如何才能让他们的团队最成功地实现愿景呢？通过帮助团队成员做如下三件事，可以达成他们的目标。

帮助员工定义成功的愿景

在我领导的每一个组织中，我发现有必要为在组织中工作的人定义或重新定义何为成功。例如，当我拥有音久管理顾问公司（Injoy Stewardship Services）时，成功意味着帮助教会筹集资金来达成他们的愿景。当我创建EQUIP时，成功意味着致力于为世界上每个国家带来长期的领导力发展，并以本国语言为当地领导者提供资源。当我创建约翰·麦克斯韦尔公司（John Maxwell Company）时，成功意味着帮助那些想为他人增值的人开发资源和传授有关指导他人的技能。如果一个组织的员工不知道目标是什么，组织怎么可能成功呢？

帮助员工致力于实现愿景

团队的承诺始于领导者的承诺。只有领导者决心尽一切努力取得成功，将他们的生产力投入组织愿景的实现中，团队才能获得胜利。一旦他们承诺使用他们的时间、才能和资源实现愿景，他们就会赢得信誉，他们的员工也会获得追随他们的信心。只有到那时，团队建设的地基才能打好。

帮助员工体验成功

很少有事情能像胜利一样鼓舞人心。领导者的工作是帮助团队取得成功。而团队中的个人经历小的成功，会受到激励继续前进，争取实现更大的成功。如果你想激励你的员工去实现目标，就要针对他们每天取得的小小胜利进行奖励和庆祝。尽可能让他们参与你个人胜利的庆祝活动，尽可能多地表扬他们。这不仅能激励人们，还能帮助他们享受领导力旅程中的快乐。

3. 开始把你的员工培养成一个团队

当你带领组织中的员工达到第二层级认同领导力的时候，

他们开始愿意**凝聚在一起**。但当你达到第三层级业绩领导力的时候，员工才开始齐心协力地**工作**。业绩使团队建设成为可能。只有当领导者愿意为团队奋进、愿意带路时，这一点才能实现。

史蒂芬·柯维（Stephen M. R. Covey）在其著作《领导者准则》（*Principle-Centered Leadership*）中讲述了一个故事。

> 哥伦布曾被邀请参加一次宴会，在宴会上他被安排坐在餐桌上最尊贵的位置。一个嫉妒他的肤浅之人突然问道："如果你没有发现印度群岛，西班牙难道没有其他人能够完成这项事业吗？"
>
> 哥伦布没有回答，而是拿了一个鸡蛋，邀请来宾们把它立起来。所有人都尝试了，但都没有成功；于是他在桌子上轻轻地敲了一下，使鸡蛋的一端凹了进去，让它立住。
>
> "我们都可以做到这样！"此人指责道。
>
> "是的，如果你知道怎么做的话，"哥伦布反驳道，"要是我给你指明通往新世界的路，去往那里简直易如反掌。"

团队建设是我最喜欢的领导方式之一。为什么呢？因为一个好的团队总是优于其单独个体的总和，并且能够比单独工作的个人完成更多任务。团队合作是一件充满乐趣的事情！我非常喜欢团队合作和团队建设，为此我写了几本书，其中包括《团队领导力 17 法则》（*The 17 Indisputable Laws of Teamwork*）。关于团队合作，我有很多话想说，恐怕这里的篇幅不足以写下我的想法。但我还是想提出一些团队建设方面的核心要点，这对你努力成为优秀的业绩领导者有借鉴作用。我列出了适用于每个人的团队合作法则，仅供参考。

领导者应该确保团队成员互补

史蒂芬·柯维曾经断言:“领导者的工作是建设一个互补的团队，其中每个人的优势都得到充分发挥，每个人的不足都得到弥补。”这是每个领导者应当追求的理想状态——员工一起工作，每个人都发挥自己的优势，使团队变得更好，并弥补彼此的弱点。这是怎么做到的呢?首先，你必须了解每个员工的长处和短处。

约翰·伍登（John Woodon)，加州大学洛杉矶分校的伟大篮球教练曾告诉我:“我的大多数大学球员在比赛中的投篮命中率都比在高中时候高。”我打过篮球，所以我知道在一位球员试图达到更高水平时，实现这个突破非比寻常。

> 领导者的工作是建设一个互补的团队，其中每个人的优势都得到充分发挥，每个人的不足都得到弥补。

“你是怎么做到的?”我问。

“在篮球训练的最初几天,”他解释道,“我会观察球员们在球场上不同位置的投篮表现。当我确定他们在哪个位置投篮命中率最高时，当即确定‘他们的位置’。我会带他们到那个地方说:‘我希望你就在这里投篮。我会在比赛中进行设计确保你可以做到。’”

伍登教练也会指出他们需要传球而不是固守投篮的位置。通过这种方法，他充分利用了团队优势（让队员定点投篮)，并将潜在的弱点转化为优势（让队员传球给最佳投篮位置的球员)。这种做法确实体现了伍登最著名的言论之一:“投篮得分人的背后有十只手。”换言之，在所有队员的帮助下，一名球员才能够得分。更重要的是，需要一名领导者帮助他们找出如何得分并引导他们完成这一过程。

团队合作的适用法则

重要性法则：想要实现伟大的目标，一个人过于渺小。

珠穆朗玛峰法则：随着挑战的升级，团队合作的需求也随之提升。

催化剂法则：获胜的球队拥有能够引领成功的球员。

板凳法则：伟大的球队拥有强大的替补队员。

分红法则：投资于团队合作而非消磨时间。

领导者应该确保团队成员理解他们的使命

优秀的领导者从不假定他们的团队成员理解了任务。他们不会认为任何事情都是理所当然的。毫无疑问，这就是美国国家橄榄球联盟传奇教练文斯·隆巴迪（Vince Lombardi）在每个赛季第一次演讲时都以“这就是橄榄球”来开场的原因。伍登教练在每个赛季开始时还要教他的球员怎样正确地穿袜子才会避免脚踝受伤，他需要确保球员知道他们要怎么做才能完成使命。

当你在第三层级领导他人时，不要想当然地认为他们知道你所知道的或相信你所相信的，也不要假设他们了解应该怎样发挥自己的才能，明白如何努力才能为团队的使命做出贡献。作为领导者，多与员工沟通是非常必要的。

团队合作的适用法则

大局法则： 目标比个人角色更重要。

定位法则： 所有球员都有能够实现最大价值的地方。

罗盘法则： 愿景为团队成员提供方向和信心。

定价法则： 如果一个团队没有足够的付出，就无法充分发挥潜能。

领导者应该确保员工得到及时反馈

我有时喜欢举一位篮球教练的例子，他会在中场休息时帮助球队为下半场做好准备。在更衣室的白板上，他会写下三栏：做得对、做错了、要改变。我的一位经营企业的朋友听说了之后，决定在年中与她的公司一起做这件事情，称之为组织的“中场休息”。

她在参加会议前做好准备，为每一栏列一份清单。但作为一位高效的第三层级领导者，她首先让团队中的所有人分享他们的观察结果。只有在无人提及的情况下，她才会将自己列好的条目添加到清单中，当然这种情况并不多见。每次会议都很成功。以下是她的发现结果：

- 她并没有靠假设来领导。她知道团队的立场，以及他们对前六个月所做工作的看法。
- 她获得了新的视角，学到了自己从前不知道的东西。这让她和团队从同一个角度出发思考问题。
- 团队能够在为时已晚前就做出调整。如果同样类型的会议在年底举行就不会有同样的好处。

- 团队在这一年剩下的时间里把自己视作主人，因为他们的想法发自内心，他们自己提出了白板上的每条内容。

这一过程非常有效，因此成为该公司每年的一项常规活动。

员工总是想知道自己做得怎么样，因为他们渴望成功。如果他们没有成功，大多数时候他们想知道如何调整，进而提高。如果他们相信改变有助于他们获得成功，大多数人都愿意做出改变。而高效的领导者负责带领团队成员完成这一任务。

团队合作的适用法则

链条法则：团队的力量受团队成员中最薄弱一环的影响。

坏苹果法则：糟糕的态度会毁掉一个团队。

可靠性法则：队友在关键时刻必须能够相互依靠。

计分板法则：当团队能够自我定位时，它才能做出调整。

确保员工在一个有利于成长和获得灵感的环境中工作

几年前，玛格丽特和我在威尼斯参观了一座旧式宫殿，那里有一个大房间，1500名领导者定期在那里开会，很多重要决定都是在那里产生的。我们的导游为我们介绍每面墙上的画，每一幅画都代表了威尼斯历史上的某一个特定时刻，纪念威尼斯领导者做出勇敢的抉择并在之后的行动中获得重大胜利。我们都受到了鼓舞，这也提醒了我，对领导者来说，为员工创造一个鼓舞人心、开发他们潜能的环境是多么重要。

当你成为第三层级领导者时，你需要将提升他人并帮助他们视为你的目标。美国开国元勋本杰明·富兰克林（Benjamin

Franklin）理解了这一点。他在写给约翰·保罗·琼斯（John Paul Jones）的信中就如何领导他人向新任官员提出了建议：

> 从今以后，如果你在某一个场合对你的下属和朋友给予更多赞扬，并多坦言自己的错误和失败，那么你将很快成为一个伟大的领导者。批评和责难所有与你有关系的人会使你的朋友变少，敌人增多，最终使事情变得糟糕。

富兰克林的智慧在今天同样有效。他知道如何创造一个有利于成长和激励他人的工作环境。第三层级的高效领导者在这一点上做得很好，这是提高业绩的关键。

作为一名领导者，我有时会因为看问题过于积极、过分赞扬他人而受到批评。我认为这种批评是有道理的。我有过几次因过快提拔了团队中的一些人，最终导致失败。相信人性中最好的一面通常会带来积极的回报，但也有例外。对人的高度信任既是我的优势，也是我的弱点。但这是一个我愿意接受的弱点，因为多数情况下结果是好的。此外，我宁愿以积极的态度生活，偶尔“引火烧身”，也不愿意成为一个无时无刻感到悲观、怀疑世界的人。我相信在很大程度上，我们在生活中会得到所期盼的结果。我不希望对自己或任何人抱有最坏的期望，因为我知道人们需要一个积极的环境来提高工作效率和茁壮成长。

领导者比团队、部门或组织中的任何人都更能为团队、部门或组织定下基调。他们的态度具有传染性。如果他们是积极的、鼓励的、乐于成长的，那么他们的员工也是如此。如果你想在第三层级上取得成功，就要承认自己的影响力，并发挥它使每个人受益最大化。

团队合作的适用法则

认同法则：共享价值观定义团队。

沟通法则：互动促进行动。

边缘法则：两个有同样天赋的团队之间的差距就在于领导力。

高士气法则：在你胜利的时候，没有什么能伤害到你。

将一群人培养成一个高效的团队绝非易事。如果这很容易的话，每个职业体育团队都将成为赢家，每个企业都将获得高额利润。让所有人一起努力来实现共同愿景是一项挑战，但这绝对值得为之付出。作为团队的一员，做有价值的事情是人生中回报最多的经历之一。作为一名领导者，你有机会帮助员工得到这样的体验。不要在这个伟大的机会面前退缩。

4. 优先考虑能产生高回报的事情

高业绩的关键是什么？那就是考虑事情的优先级。要成为一名高业绩的第三层级领导者，你不仅要学会做很多事情，还要学会做很多正确的事情。这意味着要了解如何划分时间、任务、资源以及员工的优先顺序。

《从优秀到卓越》（*Good to Great*）一书的作者吉姆·柯林斯（Jim Collins）称，有效的优先排序始于放弃不该做的事情。他写道：

> 我们大都过着忙碌而无序的生活。我们有不断扩大的“待办事项”清单，试图通过做事、做事、做事和做更多的

事来增强势头。这种做法很少奏效。而那些创建“从优秀到卓越”的公司的人，在使用“待办事项”清单的同时，也在使用“不再做”清单。他们展现出一种非凡的纪律性，清除各种无关的垃圾。④

诚然，最好的公司仅仅将资源投入少数几个领域——也就是那些能够取得成功的领域。

当你待在你的优势区间，你的努力会产生最高回报，从而也远离了你的弱势区间，这是个人产出高绩效的关键点之一。如果你能在这方面帮助团队中的其他人也这样做，那么你就可以在第三层级领导力上取得成功。多年来，我一直以帕累托原则为指导，帮助我决定哪些事情值得关注，哪些事情不值得关注。帕累托原则的基本意思就是：如果你完成了待办清单中前 20% 的任务，你的努力将获得 80% 的回报。

有效的优先排序始于放弃不该做的事情。

为了理解我前 20% 的事情是什么，我问自己三个问题：

- 我需要什么？（我必须做的事）
- 什么能带给我最大回报？（我应该做的事）
- 对我而言什么最值得？（我喜欢做的事）

在你职业生涯早期或刚刚开始领导事业的时候，你的待办清单可能是最长的。当你提升领导力水平时，你的目标是将你的时间和注意力转移到应该做和喜欢做的事情上。如果你领导得足够好，并且建立了一个良好的团队，那么这三个问题的答案应该是相同的。我感到非常幸运，因为我已经实现了这一点。在我需要做的事情中很少会有我不喜欢做的事情。

当你领导你的团队时，你的目标应该是帮助每个人，使他们做应该做和喜欢做的事情，因为在这种情况下他们的效率最高。根据经验，要努力招募、训练并定位员工，使他们：

80% 的时间在自己的优势区间工作；
15% 的时间在学习区间工作；
5% 的时间在优势区间以外工作；
0% 的时间在弱势区间工作。

要做到这一点，你必须真正了解你的员工，了解他们的长处和短处，并愿意与他们进行坦诚的交谈。如果你已经完成了第二层级的工作，那么你应该已经准备好、愿意并能够做以上事情。

5. 愿意并准备好成为变革推动者

进步以变革作为基础，这是不争的事实。大多数领导者都渴望进步，这是促使他们前进的动力之一。然而，只有当领导者达到第三层级时，他们才真正能够开始影响变革。为什么会这样？你的职位是作为第一层级领导者而确立的。在第二层级上，你与团队中的人建立了牢固的关系。一旦你帮助团队在第三层级取得了一些成果，你就有了开始变革的可信度和动力。让一个静止不动的组织做出变革是很困难的。只要让组织朝任意一个方向迈步前行，你就会发现使它做出改变、朝着正确方向发展变得容易了。前进的势头为需要的改变提供了能量。

组织中的变革始终是一个有关领导力的问题。领导者需要创造积极的变革。而作为变革推动者开始工作的方式与试图建立人际关系的方式相同——你需要找到共同点。任何想要做出变革的领导者都试图指出差异，并说服他人为何有必要变革，但这很少起作用。相反，要关注相似之处并在此基础上进一步发展。想要开始变革，请在以下方面寻找共同点。

- **愿景：** 当愿景相似时，你可以相信员工会站在一起——他们有相同的观点。如果他们的愿景与你的相似，你们都会变得更具洞察力，并且每个人都有强烈的愿望想要看到它实现，那么你们可能会达成很好的合作。
- **价值观：** 如果你们的价值观不一致，那么很难长时间共事。确定他人的立场并且努力在与你达成共识的层面上交流。
- **关系：** 优秀团队中的员工既忠于愿景，也忠于彼此。如果你已经完成了第二层级的工作，你和员工应该已经在这方面达成了共识。
- **态度：** 如果你想让员工积极改变并为之共同努力，他们需要积极的态度并持之以恒。如果不是这样，未来发展就会有麻烦。
- **交流：** 想要实现变革，沟通必须是开放、诚实和持续的。如果员工不了解情况，他们就会开始揣测发生了什么，而他们的假设往往是错误的。为人们提供充分的信息，使每个人对事物都有同样的了解。

如果你能在这五个领域找到或创造共同点，你就可以向前迈进并引入变革。这并不意味着成为一名变革推动者会很容易，但我可以保证，如果你不能在这五个领域取得成功，改变现状将是非常困难的。

6. 永远不要忘记结果是你的目标

第三层级领导者和仅仅对业绩进行理论分析的批评者之间存在着巨大的差异。好的领导者以结果为导向。他们知道结果总是很重要的——不管他们面临多少障碍，经济状况如何，他们的员工经历了什么样的问题，等等。他们为业绩而战，无论发生什么都要承担责任。即使他们成功了也是如此！汽车制造业大亨亨利·福特观察到：

> 因为成功而失败的人比因为失败而失败的人多。他们迈过了诸多障碍，克服了许多困难，付出了牺牲和汗水，他们使不可能成为可能，接着他们取得了“小成功”，但就是这一个小小的成功，使他们从高处跌落。从此之后，他们停下了前进的脚步，一蹶不振，然后就放弃了。那些被荣誉和成功所困而止步甚至被打垮的人，真的数不胜数！⑤

第三层级的优秀领导者在不断努力。如果他们获得前进的势头，他们不会后退或放弃。他们继续前进，增加前进的动势（momentum），这样他们就能完成更伟大的事情。他们也帮助员工做同样的事情。他们如何保持专注并完成如此多的事情且不论成败？亨利·福特再一次提出了建议：“为未来做一份长期且富有挑战性的规划，这样人们给你的赞扬与你真正要做的事情比起来就会显得微不足道。你最好有一份超迈伟大的工作，这种伟大已经不是普通赞誉可及，这样在人们为你的小成果喝彩之前，你就已经踏上了伟大事业的征程，然后你将自由地工作，继续旅途，迈向更伟大的成就。”

达到第三层级的领导者总是能获得成功，但并非所有人都能利用这一成功契机并进入下一个阶段。要做到这一点，他们必须保持专注和高效，同时培养和保持积极的人际关系。真正优秀的领导者将业绩层级作为第四层级的平台，他们会在第四层级把别人培养成优秀的领导者。

● ● ●

业绩层级的领导力法则

【尊重法则、吸引力法则、镜像法则、制胜法则、保持势头法则、优先次序法则、舍得法则、接纳法则】

如果你想用领导力法则来帮助你成长并在第三层级上获得认同，那么请你考虑以下几点。

1. 尊重法则：员工会追随比自己强大的领导者

员工不会去追随领导力比自己弱的人，他们只会追随令人尊敬和有公信力的人。如果他们认识到领导者的绩效卓越，那么他们会很乐意接受那个人的领导。为什么会这样？因为那个领导者为组织所做的一切很可能会惠及追随者的生活和工作。这对每个人而言都是有利的。

当你在第二层级努力获得人际关系时，结果往往是无形的，如员工高涨的士气和他们对领导者的信任。与之相反，业绩是第三层级“看得见、摸得着”的有形结果。员工看到更好的组织、更高的业绩和更强的盈利能力，折服于你的优势，了解了你的能力，由此，你的公信力得以建立。员工会尊重你，他们追随你不仅因为你善待他人，更是因为你为团队和组织所做的一切。

2. 吸引力法则：物以类聚，人以群分

一般来说，“物以类聚，人以群分”，所以人们会吸引与自己相似的人。我经常让领导者列出他们最希望团队成员具备的三到四个特征。在他们确定了这些特征后，我会问一个问题：“你是否具备这些特征？”为什么这样问？因为如果我们不展示出这些特质，就无法吸引到类似的人。我们往往吸引不到我们想要成为的那种人，而只能吸引与自己相似的人。

当你达到第三层级并创建一个高绩效团队时，你就开始吸引其他高绩效者，此效应会使你所创建的高业绩团队变得更加高效。向团队中引入更多高业绩的员工可以提高团队素质，使每个人的业绩能力都得到提高。如果团队中有人不愿或不能产出绩效，别人很快就会排着队取而代之。

3. 镜像法则：看到别人怎么做，大家也会怎么做

追随者会高度关注领导者的行为，尤其当领导者带头做事的时候。因此，他们的行为总是被关注。如果你是一位业绩领导者，这是一件好事，因为没有什么比看到一个积极的领导模范更能激励员工的了。当员工看到来自领导者的结果时，他们知道领导者也期望他们有同样的结果。当员工希望收获结果时，

> **没有什么比看到一个积极的领导模范更能激励员工的了。**

业绩就会提高。第三层级的优秀领导者知道，他们是在通过走自己的路来指明方向，因为员工更容易为看得见的结果而努力。

4. 制胜法则：领导者为团队找出一条制胜之路

假想一下，你现在要组建一支篮球队，如果你可以选择世界上任何一个人与你并肩战斗，你会选择谁？如果你在踢足球，或者如果你要做生意，或者创办一个非营利组织，你会选择谁来做你的同伴？你列出的人很可能是所在领域的顶级领导者。你为什么希望他们加入你的团队？因为如果你的合作者向来擅长寻找获胜的方法，你获胜的几率就会大大增加。

第三层级的最佳领导者能够找到获胜的方法。他们总能产出绩效，而且他们日复一日地这样做，不管风险、障碍或环境如何变化。如果你是一个不断创造业绩的人，那么每个人都希望加入你的团队，这会使你的领导力得到良性发展。

5. 保持势头法则：保持前进的势头是领导者最好的朋友

在第三层级上领导比第二层级更容易。为什么会这样？第三层级是前进势头发挥作用的地方，因为好的结果会产生更大的动力。前进势头会给团队带来更好的业绩，更好的业绩也会产生更好的前进势头。业绩创造了一个可以不断前进的积极循环。有了前进的势头，组织可以克服困难、化解消极状况、解决矛盾、处理琐事和规避潜在风险。

如果你发现自己在第三层级获得了前进的势头，那么现在不但不能停滞不前，更应该一鼓作气，继续努力。永远不要把好的发展势头视为理所当然，无论何时你都要继续全力以赴，正如吉姆·柯林斯所说的那样，“你要保持飞轮不断转动”。

6. 优先次序法则：领导者明白，忙碌不一定等于成果

据一位著名的每日计划书销售商称，只有三分之一的美国工人为每天做计划，而其中只有不到十分之一的人完成了他们的计划。这的确不怎么令人振奋。

大多数领导者会感到完成大量工作的巨大压力，而唯有高效的领导者才明白，忙碌不一定等于成效。员工往往全天努力工作，却从来没有完成让自己和团队获得高业绩的重要事情。关键是什么？答案是优先顺序。业绩领导者出于正当的理由，以正确的方式在合适的时间做最重要的事情。他们知道，如果一个组织什么都做，最后什么都做不成。他们会结合实际情况合理地做计划并执行。

7. 舍得法则：领导者必须先“舍”后“得”

电台广播员保罗·哈维（Paul Harvey）评论道：“你可以判断自己是否走在通往成功的道路上，因为一路走来都是上坡。”攀升到更高的领导力层级并不容易。这需要努力，也需要舍得。你无法用上一层级学会的技能到达下一层级。想要向上攀登，你必须放弃一些特权或资源。你将不得不放弃一些你爱做但回报不足的事情，而有些你想与之一起登上巅峰的人会拒绝前行。

> 你可以判断自己是否走在通往成功的道路上，因为一路走来都是上坡。

除了最核心的事物，领导者在攀登的过程中不得不学会放下和舍弃。没有一个成功登上巅峰的领导者会说：“这比我想象的要容易，花的时间也要少。”

8. 接纳法则：员工先接纳领导者，然后接纳他描绘的愿景

大多数领导者都有一个愿景，即他们将走向何方，以及他们的团队如何实现他们所相信的事情。你有愿景吗？你如何知道你的团队成员是否会接受它？方法就是了解他们是否已经接受了你！

员工先接纳领导者，然后接纳他描绘的愿景。这种接纳来自两个方面：一是你与他们建立了关系；二是你在他们面前展示的结果。他们希望你关心他们，也希望你可以带领他们走向成功。他们从观察你和以你为榜样的过程中了解到这两件事。当他们喜欢作为领导者的你，把你看作业绩领导者时，他们就已经准备好了接纳你。

• • •

帮助领导者提升到第四层级的信念

领导是一段激动人心的旅程，只有最有才华、最有奉献精神的领导者才可以感受到向更高层级迈进的动力。他们听从内心的召唤，继续成长，同时帮助他人成长。他们的信念给了他们攀爬的动力，但真正把他们带到下一层级的是他们的行为。

如果你想进入下一个阶段，那么在第三层级时，请接纳以下信念。

1. 仅有业绩是不够的

领导一个高效的团队会获得相当大的成就，实现这个目

标会给团队中的每一个人带来回报。但是比起高效完成工作和增加收益，还有更高层级的领导力。什么会比工作出色和团队高绩效更好呢？那就是培养员工，让他们能够与你一起领导。伟大的领导者通过对他人的帮助来衡量自己，这需要他们在组织中培养人才，这是第四层级领导者的关注点。

多年来，我一直满足于做一名第三层级领导者。说实话，当我第一次在第三层级上学习成为一名高效的领导者时，我以为我已经达到了最高的领导水平。我喜欢组建和发展我的团队，但后来感觉到了向更高层级发展的动力，才意识到自己可以做更多的事情。我可以培养他人，使他们成为优秀的领导者。如果这样做，我不仅可以提高组织的能力，减轻我个人的领导负担，而且也会以一种真正有益于员工的方式来提升他们的价值。这很快成为我的关注点，也成为我最大的快乐所在。

伟大的领导者通过对他人的帮助来衡量自己，这需要他们在组织中培养人才。

如果你的团队成员达到了第三层级，并且你领导了一个富有成效的团队，那么我就要恭喜你了，因为你取得了比大多数人都出色的成就。但不要满足于业绩层级，你需要继续寻求更大发展，因为你将会帮助更多员工并改变他们的生活。

2. 人是组织中最宝贵的资产

一个组织所拥有的大部分东西都会贬值，如设施会老化，设备会过时，物品会被用完。什么资产最有可能真正增值？答案是人！但前提是，他们被有能力投资并帮助他们成长的人所重视，在其引导下接受了挑战并得到了发展。否则，他们就像是没有利息的存款一样，潜力很大，但实际上并没有增长。

员工不会自动领悟真理，也不会意外成长。成长只有在有意识的情况下才会发生。在五个领导力层级上，成长发生在哪一个层级？是第四层级。正是在这一层级上，领导者才参与到员工的培养和发展中。如果你想进入领导力的下一个层级，请思考业绩之外的问题，并开始思考你可以怎样帮助团队中的个人提高自己，挖掘他们的潜能。

3. 成长型领导者能够最高效地实现愿景

你如何使一个组织变得更好？投资那些在其中工作的人。员工变得更好，公司自然就会变得更好。这就是为什么投资员工总是能给组织带来更大的回报。

一切都取决于领导力。一个组织的领导者越多，它的马力就越足。一个组织的领导者越优秀，组织的潜能就越大。因此，怎么重视投资员工也不为过。每次你提高组织中一个人的能力，你就提高了实现公司愿景的能力。当优秀的领导者领导组织并创造积极、高效的工作环境时，一切都会变得更好。

员工变得更好，公司自然就会变得更好。这就是为什么投资员工总是能给组织带来更大的回报。

如果你想得到一个令人愉快的工作环境，那么请成为第二层级认同领导者。如果你想要一个高业绩的工作环境，就请成为第三层级的业绩领导者。如果你想要一个不断成长的工作环境，则要达到第四层级的育人领导者。

4. 育人是领导者最大的成就

在我三十多岁的时候，我发现自己正在努力实现一个宏大的愿景，这个愿景需要我付出的多于我所能做到的。我能看到的唯一解决办法是训练和培养其他人来帮助我承担这一重任。在此之后，美好的事情发生了，起初不得不做的事情变成了我生命中成就感的最大源泉。

生活中没有什么事情比看到员工发挥潜能更美好的了。如果你帮助员工使其内心变得越来越强大，最终他们的外在也会变得越来越强大。人就像树一样：如果不断给予它们成长需要的养分，只要时间足够，它们就会从内到外成长，并最终结出果实。

如果你投资给人，他们将不再是原来的样子，你也不再是原来的那样。帮助他人的同时，领导者也会得到成长。

• • •

第三层级成长指南

当你回顾业绩层级领导力的优势、不足、最佳表现和信念时，请使用以下指南帮助你成长。

希望什么样的人加入你的团队，就成为什么样的人

有些领导者会犯和家长一样的错误，那就是他们希望别人按照他们说的去做，而不是按照他们做的去做。但问题是：人们会模仿他们看到的事情。如果你希望团队中的员工敬业、有思想、有业绩，你必须成为这些特点的模范。花些时间列出你希望团队成员具备的所有素质，然后对比自己的能力与清单所列出的特质。无论你在哪一方面不达标，都在相应的一栏旁边写下你必须做什么才能拥有你想要的特质。例如，如果你想让人们具有奉献精神，那么写下：“在问题解决或任务完成之前，我不会放弃。”或“我会早来晚走，为团队树立榜样”。

有些领导者会犯和家长一样的错误，那就是他们希望别人按照他们说的去做，而不是按照他们做的去做。

将个人业绩转化为领导力

你曾经是一个高业绩的个人并不意味着你一定是业绩层级上的领导者。如何区分这两者？可以从你对团队其他成员的影响中找到答案。团队中的其他成员是否因为你的存在而有所改进或取得了更多成果？如果没有，为什么呢？想想你可以做些什么来帮助个人或者团体变得更好。把你的注意力从自己的产品上转移开，开始帮助其他人成为高效业绩的创造者。

了解每个人的业绩定位

成功的第三层级领导者的一个标志是不仅知道他们在哪些方面为团队增加了最多的价值，还知道其他人在哪些方面增加了价值。花些时间定义每个团队成员的贡献领域（包括你自己的），并想清楚他们应当如何协同工作以使团队效率最高。

持续传递愿景

你最后一次向团队展示愿景是什么时候？如果不是在今天，

那你可能永远没有机会了。团队成员需要你描述愿景并定义如何达成愿景。花时间用心设计你的沟通方式，并尽可能经常通过有创造力的方式传达愿景。

建立你的团队

随着成员逐渐理解愿景并开始了解自己的优势和角色，他们可以组成一个富有成效的团队。这可以通过创造成长和绩效的环境来实现。计划每天（或至少每周）与团队会面，针对绩效给予反馈。不要因为员工冒险就惩罚他们，而要赞扬他们的努力，帮助他们从失败中吸取教训，对他们的成功给予奖励。

利用动力解决问题

解决问题最有效的方法是什么？利用前进的势头。领导者如何创造动力？通过帮助团队赢得胜利。如果你没有考虑帮助团队赢得胜利，那么你就没有像第三层级领导者那样思考问题。为团队成员提供一些小的挑战，让他们面对挑战以体验个人的成功，然后为团队寻找挑战并最终获得共同胜利。随着个人和公司获胜的次数增多，你可以上调挑战的难度，之后你就会获得更多前进的动力。

明确团队成员如何影响前进的势头

每个团队都有前进势头的制造者、接受者和破坏者。作为团队的领导者，你的工作就是要知道每个人分别属于哪一类，并以一种放大制造者、激励接受者和减少破坏者的方式来领导团队。首先对团队中的每个人进行分类：

- 前进势头制造者（推动成功的生产者）
- 前进势头接受者（随波逐流的人）
- 前进势头破坏者（导致问题、有损士气的人）

将大部分时间和精力投入势头制造者身上，并将他们战略性地安置在组织中，使他们产生最大的影响。在你激励他们的同时，也要争取他们的帮助，以协助你领导那些势头接受者。同时，与势头破坏者进行坦诚对话，给他们一个机会改变态度，转变为团队中富有创造力的成员。但是，如果他们无法在挑战面前突破自我，就让他们离开团队。如果不能开除这些破坏者，至少也要把他们与团队其他成员隔离，尽量减少他们可能造成的伤害。

实践帕累托原则

如果你想让你的工作效率达到最高水平，那么就遵循80/20的原则工作。第一，关注你的整体努力，留出一段时间来列出你所有的责任事项，然后根据它们对组织利益产生的影响，将它们按重要性排序。你需要确保你的大部分时间和精力都集中在列表顶部的优先领域。第二，每天实践80/20原则。每天列出你必须完成的任务，然后将80%的时间用在前20%的事务上。第三，使你的团队集中精力于前20%的事务。定期（每天或每周）与他们一起回顾团队的优先事项，确保团队80%的工作精力都集中于最重要的20%事务之上。

接受自己作为变革推动者的角色

第三层级的高效领导者负责制定决策并发起团队成功所需的变革。如果你是一个领导者，请你承担这个责任，并永远关注改善团队的方法，同时将这些方法落地。从今天开始，留出一个小时思考五种让业绩变得更好的办法。同时，如果出现问题，你也要勇于担责。

不要忽略第二层级

在第三层级有很多事情要做，因此，许多领导者忽视了领导力中的人性化因素。当你在业绩层级上努力时，别忘了与你的员工保持联系，走到他们当中并和他们一起工作。如果需要，将维持关系所需的时间列入你的计划。尽一切努力避免失去你在第二层级中获得的成果。

06

第6章

育人 第四层级

帮助他人成长，扩大影响力

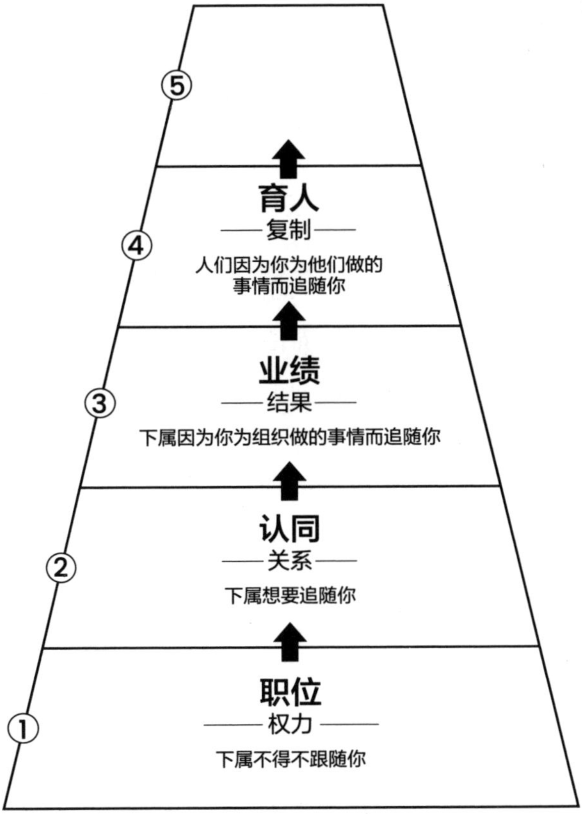

高效的领导者明白，让他们达到当前领导力层级的因素不足以让他们达到下一个领导力层级。他们明白，如果想继续成为更好的领导者，他们必须愿意不断成长和变化，而在五层级领导力上的每一次提升都需要针对领导方式做出范式转移和变化。

在第三层级，重点是个人和公司的业绩，创建一个高业绩团队、部门或组织的能力比其他能力都更能代表优秀领导力水平。但要想达到创建精英组织的更高层级领导力，领导者必须从生产者转变为育人者。为什么要这样？因为人是任何组织最宝贵的资产。

> 充分开发一个人的能力往往是激发团队积极性的催化剂。

第四层级的优秀领导者将他们的时间、精力、资本和思想投入培养他人成为领导者的事业中。他们关注每一个人，并试图衡量他们成长和领导的潜能，而不考虑他们的头衔、职位、年龄或经验。每个人都是可以培养的潜在候选人。这种识别并培养员工的做法会催化组织中的积极分子，因为充分开发一个人的能力往往是激发团队积极性的催化剂。培养一个人使其具备领导力并获得成功为培养其他人获得成功打下了基础。

现代管理学之父彼得·德鲁克观察到：

正确的人员决策是做好组织领导的最终手段。这些决策揭示了管理层的能力、价值观以及他们是否认真对待自己的工作。无论管理者多么努力试图保密（有些领导者仍然试图保密），人员决策都是无法隐藏的，它们非常显而易见。不努力做出正确人员决策的高管不仅会面对业绩不佳的风险，还可能会失去组织的尊重。①

如何将对人和人事决策的重视转化为行动呢？在育人的领导力层级上，领导者将注意力从他人取得的成果转移到开发他们的潜能上。他们只把 20% 的精力放在个人业绩上，而把 80% 的精力放在发展和领导他人上。对那些习惯于劳动的高业绩员工来说，这可能是一个艰难的转变，但这样的变化可以彻底改变一个组织，并给它带来更加光明的未来。

● ● ●

育人的优势

【组织的潜能增大】

当你能够在第四层级上领导他人时，领导者的优势会变得更加强大，组织的潜能也会显著增加。以下是在育人层级上领导的主要优势。

1. 关注育人使你从大多数领导者中脱颖而出

大多数领导者都在寻找发展组织的方法。他们通常把注意力集中在哪里？是在第三层级，他们努力提高业绩。但那是错误的焦点。你如何发展一家公司？要通过培养人才。如果你真的想扩大组织及其潜能，就要关注领导者的成长。

我的朋友、作家丹尼斯·韦特利（Denis Waitley）曾与我分享关于个人发展的精辟见解。他说，人们坚信他们的梦想是有价值的，这需要“相信你值得付出努力、时间和精力来发展自己。在发展他人时也是如此，我们必须相信他们的价值。我们必须珍视他们的梦想。我们必须相信他们值得我们为其发展所付出的时间、努力、精力和资源。不幸的是，许多领导者没有这种信念。”

我敬佩的领导者之一是吉姆·布兰查德（Jim Blanchard），多年来，他一直是 Synovus 金融公司的领导者。1999 年，《财富》杂志评选该公司为美国最佳工作场所。我相信 Synovus 之所以如此成功，成为如此理想的工作场所，其中一个主要原因就是该公司致力于培养人才，而这一切始于布兰查德，他说他喜欢读书和任何接受领导力培训的机会。布兰查德解释说：

> 20 年前我们做了一个决定……我们不会在没有对员工进行足够培训的情况下，将其安置在他们没有准备好接受的岗位上，我们不会犯这样的错误。培训和培养领导者，向他们传授基本知识，并试图激励他们寻求自己最高的领导水平，这是一个很好的方法，也是对企业环境的良好投资。这个回报是极大的。我们学到的一件事是，培养领导者可能是公司里最受人欢迎的一项好处。当现任或未来的领导者意识到你正在投资于他们的成长时，这对他们来说比金钱更重要。在我看来，这比一个主管对他们的个人感

兴趣并在其职业生涯中进行鼓励更重要，尽管这可能是第二步。②

这很好地描述了从第二层级到第三层级乃至第四层级跳跃的过程。在前两个层级中，领导者与员工建立关系并帮助他们在事业上获得高业绩；而在第四层级上，领导者开发员工的潜能，使他能够成为优秀的领导者。

> 一个人有发展潜力的标志在于对过程的开放性。

布兰查德说，一个人有发展潜力的标志在于对过程的开放性。他说："当你观察那些渴望学习更多知识的人时，你可以相信他们走的是正确的道路。当你与那些不想接受更多指导的人交谈时，你会发现他们快走到路的尽头了，他们一定没有太多的出路和发展空间。"

如果你希望你的组织得到最好的东西，你需要投资员工，这就是最大的潜能之所在。在一个竞争激烈的商业环境中，培养人才的能力差异往往是两个利用相似资源竞争的组织之间产生差距的主要原因。美国前劳工部长罗伯特·莱克（Robert Reich）指出："如果雇主无法提升员工的素质，他们就只能通过资本来竞争。任何人都可以复制实物资本，但有一种资源无人能够复制，那就是公司员工的敬业精神、团队精神和技能。"培养他们，你就会成为百里挑一的领袖。

2. 育人确保可持续发展

取得成功并不容易。每年都有数千家新企业成立，但不久就失败了。那些成功的人发现维持成功也不容易。许多声称

“经久不衰”的公司并没有做到这一点。即使是一些看似不可战胜的业界巨头也不会永远成功。什么给组织提供了保持增长和成功的最佳机会？答案是培养和培训人才。只有帮助员工发挥他们的潜能，你的组织才能发挥出潜能。

在做领导者的早期阶段，我不明白这一点。那时的我不会优先考虑培养和发展其他人。在我发现了领导力的业绩层级之后，我就在那里倾注了无尽的精力。我能够长时间工作，我喜欢别人对我的职业道德和工作效率的肯定，像“你怎么能完成这么多事情”这样的话对我来说就像音乐一样美妙。直到我离开组织之后，这样的音乐才停止。我意识到，一旦我个人不再接触某一项特定的任务或工作，它就无法持续。结果是我之前建立好的许多东西在我离开后不再繁荣，甚至在某些情况下不复存在。显然我的领导力得分不及格！

这真的让我大吃一惊。我的作家、朋友肯·布兰查德（Ken Blanchard）说：“针对领导的考验不是你在那里时会发生什么，而是你不在那里时会发生什么。”为什么有些组织在领导者离开后继续取得成功，而另一些组织则分崩离析？

于是我开始从一个看似与之无关的角度观察领导力。一天晚上，我和玛格丽特去看马戏，欣赏了舞台中间的一个男子用一根棍子旋转盘子（如果你是我这一代人，你可能在综艺节目上见到过这种杂技）。在第一个盘子转起来之后，他开始用第二根棍子旋转另一个盘子，然后一个接一个，直到他有六个盘子在一起旋转。在接下来的几分钟里，他匆忙地从一根棍子转移到另一根棍子，让盘子不停地旋转，这样它们就不会因失去动力而坠落。盘子旋转得越多，他跑得就越快，以防它们掉下来。

突然我意识到：那就是我！我自己完成每件事，只要我跑得快，我就能处理好每件事。但一旦我停下来，周围的一切就会崩溃。我没有培养任何人掌握领导才能，这让我精疲力竭，限制了我所在组织的潜能。我认识到自己大错特错了。从那时起，我开始把培养他人作为我所在组织的首要任务。它彻底改变了我的领导方式，这对我领导的每个组织都产生了令人难以置信的影响。

我认为我们中的许多人都有一种思维定式，即领导者与组织中所有重要的事物都有关联。作家詹姆斯·贝拉斯科（James A. Belasco）和拉尔夫·斯泰尔（Ralph C. Stayer）将这种情况比作水牛群，每头牛都在等待，看水牛首领在想什么和想做什么。相反，他们认为有效的组织不应该像一群水牛，而应该更像一群大雁，以V字形飞行并分担任务。他们在《会飞的水牛》(*Flight of the Buffalo*）一书中提出：

> 我们用一个新的“大雁”领导范式，取代旧的“水牛”领导范式。这一新的范式产生于真实情境的领导经验，它围绕以下领导力原则而构建：
>
> - 领导者将工作所有权移交给执行工作的人。
> - 领导者创造一个人人都想负责的工作环境。
> - 领导者指导个人能力的发展。
> - 领导者自身学习速度快，并鼓励他人快速学习。③

当领导者采取这种方式时，每个人都有成为领导者的潜力——至少在某些领域和能力方面是这样的。

如果你过去没有把培养领导者作为优先事项，我鼓励你从现在起就这样做。这需要时间和付出，但你可以做到。如果你成功到达了第一、第二和第三层级，你就有可能提升到第四层级。这要求你从做事情转向发展和培养他人。这一过程需要你相信他人，也需要你和他人共同分担责任。如果你立志要把工作重点转移到育人上，并将之落地，你一定可以做到。永远不要忘记，领导是一门艺术，它会帮助人们从“自认为的自我”提升到“应该成为的自我”。

> 不要让你自己成为组织发展的障碍，可以通过培养其他领导者，为组织提供一个拥有光明未来的机会。

史蒂芬·柯维观察到：“如果组织没有放权，没有让员工靠自己完成工作，那么个人和组织就不会有很大发展，因为他们被限制在上司的能力范围内，只能体现出上司的优劣特征。”不要让你自己成为组织发展的阻碍，可以通过培养其他领导者，为组织提供一个拥有光明未来的机会。

3. 育人使他人履行其领导责任

许多领导者成为他们团队或组织的“盖子”，即发展障碍。一个占据领导职位却没有领导力的人就是典型的“盖子”。人们晋升到与其能力并不相称的地位，这就是彼得定律在发挥作用。因为他们不能授权，不能激励员工，他们的责任感降低，员工也会因此而一事无成。还有一种人也会成为员工和团队发展的“盖子”，那就是虽然能力很强但是不愿意与他人共同承担责任的人。

育人就其本质而言，承担着完成任务的责任。我这么说是因为员工发展不仅仅是通过教学就能实现的。育人是一种改变，邀请员工参与领导的过程，因为许多事情只有通过体验才能学到。历史上有很多例子，说明人们最伟大的天赋在于救赎、激励、解放和培养他人。约翰·昆西·亚当斯（John Quincy Adams）曾经说过：“如果你的行为激励他人实现更多梦想、学习更多知识、做更多事情、变得更出色，那么你就是一个领导者。”当你赋予人们责任和权威时，他们不仅在学习，而且开始履行领导职责。这一行为可以改变他人和组织。

当成熟的领导者专注于育人、员工发展、授权他人进行领导时，每个人都会从中获益。首先，这一举措有益于员工。当新的领导者被培养出来时，他们更加擅长自己所做的事情，并且能够帮助与他们一起工作的每个人做得比之前更好。当这些新领导者开始在第二层级与员工建立关系时，他们会更好地对待这些员工，工作环境也会因此得到改善。当他们达到了第三层级时，他们的业绩就会提高。

其次，这有益于组织发展。随着更多优秀领导者的加入，组织的现状会有所改进。每一位成熟的领导者都会为组织增添更多力量。组织内领导力的扩散也会使其有能力开发新领域并推出新举措。

最终，这有益于培养新的领导者，而且新的领导者有助于分担一部分工作压力。所有领导者都会感到领导责任重大，因为他们明白，无论发生什么情况，领导者都应该作出贡献。他们感到要对组织及其员工负责，并且有责任实现愿景。如果有股东，他们会觉得要对股东负责并创造盈利。他们认为自己应该对员工负责，也希望帮助员工成功。但是，他们也很清楚，归根结底，顺利完成工作还是会面对各种风险和状况。

我在课上讲过一个原则：一切都取决于领导力。大多数人将这一概念应用于业绩层面，但它同时适用于责任层面。当我拥有三家公司时，我每天都感受到领导责任的重担。我负责公司的发展方向，也负责公司的价值观建设，还要负责公司的绩效和发展。每一位在组织中责任重大的领导者都会感受到这种压力。（如果有人没有感受过这种压力，那么他需要检查自己的动机，因为可能是他们过于轻视自己的责任。）

当你培养员工的时候，他们就开始替你分担领导责任了，所以给他们正确的期望是很重要的。让他们知道你对他们负有责任，而不是为他们负责。我的意思是，你将负责提供培训、准备工具、提供机会和创造有利于其发展的环境，他们必须通过自己的选择、态度和承诺为自己的成长负责。如果他们不这样做，你将为他们的失败付出代价，但这是一个值得冒险的机会，因为一旦成功，好处就是巨大的。当这一切真的起作用时，员工就会抓住机会成长并成为领导者，业绩也会非常可观。

慈善家梅琳达·盖茨（Melinda Gates）在很早的时候就理解了这种动力机制。1982 年，她在 Ursuline 学院发表告别演说时说："如果你成功了，那是因为在某个地方、某个时候，有人给你提供了一种生活或一种想法，让你开始了正确的人生方向。"这对我们所有人来说都是正确的。没有领导者是自我成就的，每个人都从别人那里得到了开始的动力，这是一份礼物。我们的回报是承担责任，尽我们最大的努力以高效而正直的方式领导他人。

佩珀代因大学（Pepperdine University）领导力教授法尔津·马吉迪（Farzin Madjidi）断言："我们需要能够赋予下属权力并培养领导者的领导者。对一个管理者来说，确保每个人都有事情要做、都在产出业绩是不够的。如今，管理者确保所有员工都各谋其职已经远远不够了。今天，所有的员工都要为自己所做的事情负起责任。为了实现这一点，员工应该做出最直接影响他们的决策，这就是最佳决策的制定方式，也是授权的本质。”他所描述的是第四层级领导力——能够放权给他人从而分担责任的领导力。在一个由第四层级领导者带领的健康组织里，组织的良好运转得益于授权给他人，而不是踩着他们往上爬。

在一个由第四层级领导者带领的健康组织里，组织的良好运转得益于授权给他人，而不是踩着他们往上爬。

如果你想改进一个组织，就要改进它的领导者。如果你想发展一个组织，就要发展它的领导者。当你扩充了所拥有的领导者数量并且使领导者更加优秀，组织的潜力就会大大增加。

4. 育人使领导者能够领导更大的团队

许多领导者不想与他人分担责任，因为他们不想失去任何权力。但当你与他人分享领导力时，你并不会真的失去权力。相反，它实际上给了你一些只能通过培养他人才能得到的东西，如时间自由。当你培养他人并赋予他们领导力时，他们发展的领域得以扩大，而你也会从中获益。你可以自由地做更重要的事情，包括最重要的思考、设想和制定战略。

领导者总是需要更多高质量的思考时间。然而，由于大多数领导者对行动有偏好，他们往往没有时间进行思考。当你培养其他领导者并赋予他们领导力时，他们会承担起过去属于你的工作，你可以利用这段时间将你的团队或组织提升到一个新的水平，使人人受益。

将一项任务的责任移交给他人通常是困难的，尤其是在你认为他们无法像你一样做好这项工作的情况下。但这不足以成为借口。只有当你愿意放下一些责任时，你才能成为一名高效的第四层级领导者。那么，将领导责任的所有权转移给其他人的经验和法则是什么呢？我使用 80% 的原则，即如果我的团队中有人可以达到我工作质量的 80%（甚至更好）的水平，我就可以放手让他来做这项工作。如果你想成为一名高效的领导者，你必须从完美主义者转向实用主义者。

5. 育人提供了巨大的个人成就感

埃弗雷特·肖斯特罗姆（Everett Shostrom）在他的书《人，操纵者》（*Man, the Manipulator*）中引用了一位老师的话，这位老师深知教育和改变人们生活的秘诀：

> 当我开始明白年轻人需要的不仅仅是学习知识时，我感到极大的解脱。我很懂数学，而且教得很好。我过去认为这就是我所要做的，但是现在我明白了我教的是孩子，而不是数学。我接受这个事实，因为我无法做到完美。当我不必知道所有的答案时，我似乎比试图成为专家时的答案更多了。真正让我明白这一点的年轻人是埃迪（Eddie）。有一天我问他，为什么他认为自己比去年做得好得多。他的回答让我耳目一新："因为当我和你在一起时，我喜欢现在的自己。"④

生活中最大的满足来自为他人奉献。当我们忘却自己，专注于他人时，我们最有成就感。真正奇妙的是，当我们将第四层级上育人所需的给予与第二层级上建立的稳固人际关系相结合时，由此产生的亲密和温暖可以为我们的生活提供最丰富的体验。当我们帮助人们成长时，我们往往与他们最亲近。

当所有参与者随心而为，不仅为他们自己，而且为彼此赢得胜利时，这种喜悦是持久的。

我最好的朋友是那些使我展示出自己最好的一面的人，以及那些我努力使之成为最好的自己的人。我们的成长之旅充满了欢笑与泪水、成功与失败、希望与伤害、问题与答案。我珍视从他们那里收集来的经历，他们慷慨地将自己成长和成功的经历与我分享。

星巴克创始人霍华德·舒尔茨说："当胜利不仅仅来自一个人，而是来自很多人的共同努力时，胜利就变得更加有意义。当所有参与者随心而为，不仅为他们自己，而且为彼此赢得胜利时，这种喜悦是持久的。"这很好地描述了我对生活中最亲近的人——我的家人和我的朋友圈子——的感受。某天晚上，我和其中的一些人共进晚餐——他们都在我的指导下发展起来。我们大笑，分享照片，讲故事，交流想法，整个晚上过得快乐无比。

马克·科尔（Mark Cole）和斯蒂芬妮·科尔（Stephanie Cole）那晚也在。我曾经参加过他们的婚礼。几年后的今天，马克成了我的知己。很多项目都需要优秀的领导者，我把这些项目交给他做。无论我什么时候要求他和我一起出差，他的妻子斯蒂芬妮从未进行过阻拦。上天对我如此眷顾，如果没有他们，我将无所适从。

戴维（David）和洛莉·霍伊特（Lori Hoyt）那晚也在。戴维非常谨慎和专业地处理我所有的演讲事务，让我以最合适的方式在众人面前展示。每次我和洛莉在一起时，她都会表达对我的爱和支持。

查理（Charlie）和斯蒂芬妮·韦策尔（Stephanie Wetzel）那晚也在。17 年来，查理一直帮助我进行写作。随着 2000 多万本书的销售，我承认他已经成为我圈子里最有影响力的人。斯蒂芬妮负责社交媒体，她管理我的博客以及我的推特和脸书账户，出版商把我的书的热销归功于她。

最后，帕特里克（Patrick）和琳达·艾格斯（Linda Eggers）那晚也在。帕特里克曾经是我董事会的成员，也是我三十多年来的好朋友。他身材高大，就算做我的保镖也绰绰有余。他足够聪明，曾经是一名货真价实的火箭科学家。他的妻子琳达做了我 15 年的助手。她是我妻子玛格丽特和我的好朋友。琳达在我思考之前就知道我在想什么，她总能处理好我们的一切事务。

那晚，当我环顾众人时，我想到了三件事：

第一，我帮助培养的这些人真的让我成长了。一开始，我对他们的帮助多于他们给我提供的。如今，他们为我提供的帮助超过了我对他们的帮助。这就是帮助他人发展带来的巨大回报！

第二，他们是我真正的朋友。我最好的时光是和他们一起度过的。2010 年，我们一起去了以色列，玩得很开心。生命之旅注定不是孤独的旅程，我很感激能和他们一起前行。

第三，我最大的成就感并非来自我写的书、创办的公司或我得到的认同。我最大的满足来自我所爱的人，尤其来自我培养的那些人。

拉比·哈罗德·库什纳（Rabbi Harold Kushner）称："生活的目的不是胜利，而是成长和分享。当你回顾你在生活中所做的一切时，为别人的生活带来快乐所产生的满足会多于战胜、打败他人带来的满足。”这是一种伟大的智慧。帮助他人成长和发展会给领导者带来巨大的快乐、满足感和活力。如果你能作为一名领导者达到第四层级，你将创造一个和谐社区，在那里人们庆祝胜利，表达感激和分享忠诚。第四层级是领导者所能达到的所有层级中最甜蜜的一级。

生活的目的不是胜利，而是成长和分享。

• • •

育人的劣势

【领导者需要拥有高成熟度和高超技能】

许多领导者不培养人才是有原因的。因为这并不容易，也无法保证成功。每一位领导者都有过在他人身上投资但结果很糟糕的、如噩梦般的经历。你倾尽全力帮助他人发展，但一无所获。有些人一味索取，不付出任何回报。其他人做出了努力，但远远达不到你的期望。有时你把你最好的东西给了某人，他变成了一个真正的卓越的领导者，然后他另谋高就了！还有什么比这更糟糕的呢？那么，如果不培养他们，让他们留下来的后果会怎么样呢？作为一名领导者，如果你想充分发挥你的潜能，你只有一个好的选择，那就是对你的员工进行投资。

育人层级需要非常高的成熟度，同时还需要非常高的技能水平。这可能会给一些领导者带来麻烦，并阻碍许多人坚持到底。以下是阻碍第四层级领导者发展的主要原因。

1. 以自我为中心会导致领导者忽视育人

成熟是一种超越自我的思考能力，是能够站在他人的角度看待事物，并将他人的需求置于自己的需求之上的能力。自私会阻碍人走向成熟。

我的朋友杰拉尔德·布鲁克斯（Gerald Brooks）说："当你成为领导者时，你就放弃了为自己考虑的权力。"成为第四层级领导者让我们认识到，我们现在有权力以一种特殊的方式为人们服务，并且我们需要发挥这种能力。如果你的态度是自私自利的，你就无法做到服务他人这一点。

如果你想在第四层级上领导，你必须把 80% 的注意力放在他人身上，帮助他人成长、学习和获得成就。如果你的注意力总是集中于你自己和你想要的东西，那么他人就会成为你实现目标的障碍，因为你会感到他们的需求干扰了你实现目标，你大部分时间都对别人失望，因为他们不是你利己活动的一环，从而永远无法达到你的期望。

领导力专家和作家麦克斯·德普雷（Max Depree）说："领导者就像仆人一样，为员工消除阻碍他们工作的绊脚石。"这是一个多么贴切的描述啊！第四层级领导力的模式需要领导者的成熟思维，它意味着每天上班时把别人放在我们思想和行动的首位。这意味着你要不断问自己："今天我能帮助谁提升价值？""我能为别人做些什么？"这是一个成熟领导者的思维模式，也是可以促进人力资源开发的思维方式。

> 领导者就像仆人一样，为员工消除阻碍他们工作的绊脚石。

因此，如果你想提升到第四层级领

导力，就要克服你的自私，走出自我的小圈子，采取演讲者和推销大师齐格·齐格勒（Zig Ziglar）的态度。他曾说："如果你愿意帮助别人得到他们想要的，他们就会帮助你得到你想要的。"

2. 不安全感会使领导者感到他人发展的威胁

我的朋友韦恩·施密特（Wayne Schmidt）是印第安纳卫斯理安大学（Indiana Wesleyan University）卫斯理神学院（Wesley Seminary）的副院长，他曾告诉我："无论个人能力有多强，都无法弥补个人的不安全感。"他说得很对。缺乏安全感的领导者不断地伤害自己和他人。因为担心自己的地位和立场被动摇，他们很难在别人身上投资。为什么会这样？因为他们害怕有人会取代他们的位置。出于这个原因，不面对也不克服不安全感的领导者很少能达到领导力的第四层级。

> 无论个人能力有多强，都无法弥补个人的不安全感。

如果你怀疑你的不安全感可能会阻碍提升员工的发展层级，请在以下三个方面做出努力。

自我

对自己诚实的领导者知道，他们不知道所有的答案。他们认识到，成功总是来自团队中每个人的共同贡献。成功来自人们的共同努力，每个人都在发挥着自己的作用。正因为如此，他们并不试图自己回答每一个问题。他们不会试图做出每一个决定。他们将胜利视为一种合作努力的结果。他们的目标不是让别人对其评价更高，而是让他们的员工对自己有更高的评价。

你怎样知道你的自我是否会妨碍你的领导力提升到第四层级？考虑一下当你和你的团队见面时会发生什么。

- 你的团队成员是否自由地分享他们的想法？
- 最好的想法很少是你的想法吗？
- 如果你经常提出想法，那么讨论是否会迅速从你的想法转移到最优的点子？你对此感到高兴吗？

至于你的团队表现：

- 当你的团队成功时，其他团队成员是否获得了大部分荣誉？
- 你的团队对正在完成的工作是否有共同的自豪感？
- 当事情出错时，你个人是否承担最大的责任？

如果你能针对这些问题诚实地回答“是”，那么你可能不存在自我方面的问题。如果你对其中许多问题的答案是否定的，那就要当心了。你可能需要处理好你的自我问题。在有安全感的领导者的领导之下，积极的工作环境允许团队成员获得荣誉。第四层级领导者在他人的成功中体验到真正的喜悦。当别人发光时，他们也会发光。

控制

作家汤姆·彼得斯（Tom Peters）观察到：“在一天结束时有人说：‘好吧，我熬过了一整天都没有搞砸什么事情’，没有比说这个更无用的了。”为什么他们的目标是这样的？因为他们害怕犯错。许多缺乏安全感的员工试图通过做尽可能少的工作或保持低调来避免犯错误。缺乏安全感的领导者往往以不同的方式处理这个问题，他们会采用控制手段。他们认为，如果他们对员工进行极其细微的管理就可以防止他们犯错误。

不幸的是，控制型领导者不明白，没有冒险和试错就没有进步。他们最好听取创意连接系统（Idea Connections Systems）的查克·布劳恩（Chuck Braun）的建议。他提出了“错误配额”的概念。当他培训员工时，他告诉学生，他预期他们在每个培训模块都会犯 30 个错误。布劳恩说，他几乎可以听到房间里的学生松了一口气，然后大家可以放松下来积极投入训练。

好的领导者努力奋进、开拓进取和勇于犯错，他们对自己的员工也抱有同样的期望。詹姆斯·库泽斯（James M. Kouzes）和巴里·波斯纳（Barry Z. Posner）是这样说的：“领导者是先驱者，他们是愿意走向未知的人。为了找到新的和更好的做事方式，他们愿意冒险、创新和实验。”要在第四层级上成为成功的领导者，你必须接受这种态度，放弃控制他人的想法。

领导者的作用不是控制人们或掌控一切，而是引导、激励和激发他人。

既然无法避免错误，为什么不采取另一种态度，让你和你的团队从错误中学习呢？这是任何人从错误中真正获益的唯一途径。因此，不要约束你的员工，尽量帮助他们充分利用他们的失误、挫折和失败，正如通用电气前首席执行官杰克·韦尔奇所说：“领导者的作用不是控制人们或掌控一切，而是引导、激励和激发他人。”这是第四层级领导者的职责。

信任

不同的领导者看待信任的方式不同，有安全感的领导者将其视为维系关系并使业务运转的黏合剂。《信任的速度》（*Speed of Trust*）一书的作者史蒂芬·柯维说，信任产生速度，是因为它为协作、忠诚以及最终的结果提供养料。

缺乏安全感的领导者不会信任他人，也不会得到他人的信任。因此，他们不会投资他人，不会成为第四层级领导者。作为一个领导者，你永远不应该把信任视为理所当然的事物。只有当你失去它时，你才真正理解它的价值。我女儿伊丽莎白（Elizabeth）在高中当啦啦队队长时就学会了这一点。因为伊丽莎白个头很小，所以她是站在啦啦队顶端的那个人。这意味着她要么站在金字塔的顶端，要么被抛向高空。随着大胆的一抛，她就会一跃而起，飞向空中。她依靠什么承担这样的风险？是信任。她和队友一起长时间练习，几百次被扔起来又安全地被接住。后来在她高年级的时候，一个队友一时疏忽了，让她摔了下来。从那以后她就再也不像之前那样大胆了，每当被抛高时，她内心都会犹豫一下。

如果你想成为一名育人型领导者，你必须给予他人信任，并以赢得他们的信任作为回报。除此之外，在第四层级上没有其他成功的方法。

3. 目光短浅会使领导者忽视育人的需要

你有多少次考虑过把事情放手给别人，而不是认为自己完成会更容易？我敢打赌这种情况并不多见。为什么会这样？因为自己做工作总是比培养别人做工作更快、更容易。但这只是短视思维！想要成为人才开发者，你必须愿意采取长期的思维方式。如果你在开始时有所付出，那么后来的回报是巨大的。在第四层级，问题不是“你能做什么”而是“你能培养谁”，投资员工需要花费大量的时间和精力。

与自私和不安全感一样，短视是领导者不成熟的另一个标志。育人层级需要大局思维，但是更需要耐心。帮助另一个人成为称职领导者的过程往往比你想象的更漫长、更困难。无论如何，你别无选择。否则，你将限制自己、员工和组织的潜能。

4. 奉献精神缺失会阻碍领导者努力开发员工潜能

几乎任何人都可以在职位层级上领导他人，许多人可以在关系层级上领导他人，少部分人能够高效产出业绩并组建团队来实现目标，但是很少有人能够并且愿意培养他人成为领导者。这就是为什么大多数领导者只会领导他们的追随者。任何人只要能与人相处融洽，也能创造个人业绩并传达愿景，就能吸引追随者。然而，吸引、培养和领导其他领导者则困难得多。大多数领导者不愿意投入巨大的努力，也不愿意为此付出必要的牺牲。

在我领导的组织中，培养人才一直是高度优先的。我告诉为我工作的领导者们：“你的工作就是让自己超越工作。”这意味着我希望领导者能够想明白如何以最卓越的水平完成工作、招募团队、培养团队、树立领导榜样、找到潜在的继任者、培训和发展此人，并赋予他领导权力。当人们这样做的时候，他们已经从一份工作中脱身，并且准备好进入下一份工作。

这对领导者来说是一种很高的期望。在一些组织中，领导者甚至不能完成自己的工作，更不用说培养其他人来完成工作了。但这正是第四层级领导者所要完成的。在我的领导世界里，育人和员工发展是我雇用每一位领导者的目标。如果他们不愿意或不能够超越工作，我可能不得不把这份工作从他们手中拿走，交给其他有能力的人来做。因此，我的领导者的目标是永远不要保住他们的工作，对他们而言，他们面临的真正问题是："你会因为帮助发展别人而丢掉职位，还是因为没有帮助发展别人而丢掉职位？"这始终是领导者的选择。

我的非营利组织 EQUIP 旨在帮助世界各国的领导者培养能够在第四层级发挥领导作用的人才。每六个月 EQUIP 会派遣两名助理培训师到某一个地点培训领导者。在两天的时间里，他们以会议的形式通过培训材料培训本土领导者，使他们具备领导力。在会议结束时，这些领导者将获得以当地语言编写的培训材料，他们可以带走这些材料，并利用这些材料在其影响范围内培训其他潜在的领导者。此外，我们还为他们提供了额外的书籍，以帮助他们在 EQUIP 助理培训师下次到来前的六个月内继续成长。只要这些当地领导者致力于培训自己的员工并努力使自己成为第四层级领导者，我们欢迎他们参与 EQUIP 的培训进程。通过这种方式，在过去十年中，EQUIP 已能够在国际上培训数百万名领导者。

在许多 EQUIP 发挥作用的国家，这个概念一开始对人们来说似乎很奇怪。许多领导者，特别是发展中国家的领导者，都有着强烈的职位感和领地感。他们的目标是获得权力和地位，吸引尽可能多的追随者，并采取一切必要措施保持权力稳固。通过发展和授权他人来进行领导的想法是违背常识的。但很多人能够理解我们的理念，他们也做到了育人，因为认识到育人所能产生的不可思议的影响。它改变组织，甚至影响文化。但这需要高度的安全感和熟练的技巧，还需要高度的信念。

• • •

第四层级的最佳表现

【如何育人】

只有领导者才能培养他人成为领导者。一个想要实现这一目标但缺乏领导知识和经验的人无法教导另一个人去领导。正如一个仅仅读过烹饪书但从未实践过的人无法教他人烹饪，只研究领导力而不使用领导力的理论家无法帮助他人学会领导。只有实践领导力，才能真正理解领导力。换言之：

领导者才能了解领导者（招聘和定位）；
领导者才能展现领导者（示范和资源）；
领导者才能发展领导者（发展、授权和评估）。

鉴于此，在育人层级的这一节中，我的目标是为你提供一条清晰的道路，帮助你开发其他领导者。前提是我假设你已经开始通过某种方式领导他人。如果确实是这样（或曾经是这样），那么以下七个步骤是有意义的。如果不是，你需要首先在第一、二、三层级上获得领导经验，才能实施下述的第四层级最佳行为。

如果你想充分推动员工发展，培养他人成为领导者，那么请遵循以下准则。

1. 招聘：尽可能找到最优秀的人

招聘是发展人才和创建成功组织的首要任务。大学足球教练鲍比·鲍登（Bobby Bowden）说："如果你能找到最好的球员，并对他们进行良好的指导，你就会赢得比赛。"在大学体育中，最成功的教练是最好的招聘人员。不管你多么努力地尝试，也无法培养那些没有潜能的人。因此，你招募的人必须在他们即将受到培养的领域具备天然潜能，表现出成长的愿望，并且适合组织的发展。

> 如果你能找到最好的球员，并对他们进行良好的指导，你就会赢得比赛。

招聘成功的关键是清楚地知道你在寻找什么样的人。许多年前，查理·格里姆（Charlie Grimm）曾是美国职业棒球大联盟（Major League Baseball）芝加哥小熊队（Chicago Cubs）的经理。演讲者琳达·埃勒比（Linda Ellerbee）讲述：有一个赛季，小熊队因为没有好的击球手而很难赢得比赛。有一天，格林接到一个兴奋的球探的电话，他热情地说："查理，我找到了全国最棒的年轻投手。他打败了所有击球的人，连续 27 次，直到第九轮有两人被罚下场，才有人犯规。投手就在我身边。我该怎么办？"

"签下那个犯规的家伙，"格林回答，"我们正在寻找击球手。"

这听起来可能过于简单，但事实就是如此：当你知道自己在寻找什么时，则更容易得到结果。假设你正在混乱的工作台上寻找工具，如果你知道它是什么样子的，你会比你想象的更快、更容易地找到它。如果你想在你的食品储藏室里找到一个罐头，只要知道它的颜色和大小，你就可以更快、更容易地找到它。

对潜在的领导者也是如此。如果你知道你在寻找什么样的人，你找到他们的机会就会大大增加。招募一个不具备领导潜力的人，将其培养为领导者就像让一匹马爬树一样困难。这是无法成功的。如果你需要对方有爬树的潜力，就去找一只松鼠。如果你想要一个潜在的领导者，就去寻找一个具备优秀领导者特质的人。

当我寻找潜在的领导者时，我使用“4C 原则”。

化学反应（Chemistry）

让我们从最简单的一项原则开始：你不需要花很长时间就可以确定你是否喜欢那些正在申请工作或希望得到指导的人。是否喜欢他们重要吗？当然。如果你不喜欢这个人，你就无法成为他的有效导师。如果你不喜欢别人、不希望和他们在一起，就很难与他们共度时光，对他们敞开心扉，并在他们身上投资。

如果你正在认真考虑招聘或提拔某人，请让你的团队成员与那个人一起度过一段时间，如果可能，最好是在社交环境中进行。在他们与此人相处之后，了解你的团队是否喜欢他并愿意与其一起工作。如果答案是否定的，那么这个人可能不适合加入团队。我在《与人共赢》(*Winning with People*) 一书中描述的“友谊法则”始终适用：“在同等条件下，人们会与他们喜欢的人一起工作；即使条件不同，他们仍然会这样选择。”化学反应非常重要。

性格（Character）

良好的品格使信任成为可能，信任是牢固关系的前提，牢固关系为导师的指导提供条件。如果你不信任一个人的品行，就无法培养他。品格是消除知行差异的要素，它使行动与意图一致。这种一致性很有吸引力，对良好、可信的领导力而言也至关重要。如果我怀疑我正在考虑招募的那个人不具备强大的品质，我就不会将其纳入麾下。

吉姆·罗恩（Jim Rohn）观察到："优秀的领导者是被发现的，不是被改造的。"他说，他见到了一家公司的标语："我们不教人如何成为出色的员工，我们只是雇用出色的员工。"他认为这是一个明智的办法，这也是优秀领导力的体现。如果你成为导师，指导某人成为领导者，与此同时，你希望能改变他的品格，那你失望的概率会很大。

> 优秀的领导者是被发现的，不是被改造的。

能力（Capacity）

在NBA季后赛期间，我听到了评论员、前球员查尔斯·巴克利（Charles Barkley）是如何区分明星球员和普通球员的。巴克利解释说："明星球员可以**随时**满足帮助球队的要求，而普通球员**有时**可以做到这一点。"是什么决定了这两类球员之间的区别？是能力。

第四层级的成就感在于发挥每个人的最佳能力，而挫败感在于试图挖掘出人们身上并不存在的素质。如果你想培养并帮助某些人成为优秀的领导者，你就不能要求他们做到他们希望做到的事情，而是要求他们充分发挥潜能。在我开始领导生涯时，这对我来说尤其困难。但随着经验增长，我开始了解人们的行为模式。

当你审视潜在的领导者时，试着评估他们在以下方面的能力：

- 压力管理——承受和克服压力，面对失败、最后期限和挫折的能力；
- 技能——完成特定任务的能力；
- 思维——具有创造力，制定战略、解决问题和适应环境的能力；
- 领导力——吸引追随者和组建团队的能力；
- 态度——在消极环境中保持积极和顽强态度的能力。

作为一名领导者，你的目标应该是发现他们有哪些潜能，认识到他们的局限，并激励他们，为他们提出挑战、提供资源从而缩小“局限”和“潜能”之间的差距。

贡献（Contribution）

有些人是超级潜力股，他们才是最终的赢家。他们的贡献超出了工作职责，提升了团队中每个人的绩效。当你发现有这些特征的人时，一定要将其纳入麾下，因为他们对组织发展非常有利，不论你在他们身上投入多少，都会得到加倍的回报。

在我的生命中，马克·科尔（Mark Cole）就是这样一个人，我之前也提到过他。他已经和我一起工作了 12 年，并且能够改善他所接触的一切事情。与他一起工作的每个人都因为他

> 我遇到过好球员，也遇到过不好的球员。在与那些好球员在一起时，我是一名更好的教练。

的参与而表现得更好。由于他乐于奉献和高超的水平，让我觉得培养他是一种乐趣。这是多么完美的师徒组合！

有一次我和教练卢·霍尔茨（Lou Holtz）一起吃午饭时，他笑着告诉我："我遇到过好球员，也遇到过不好的球员。在与那些好球员在一起时，我是一名更好的教练。"领导者也是如此。如果你想变得更好，就要招募更好的员工。如果你想培养出更好的领导者，那就根据"4C原则"招募有潜力的人。

2. 定位：将正确的人放在正确的位置

作为波士顿凯尔特人队（Boston Celtics）的教练，雷德·奥尔巴赫（Red Auerbach）赢得了九次NBA总冠军；而作为教练、总经理和总裁，他总共赢得了16次总冠军。很少有体育界的领袖能企及他的成就。有一次，当被问及团队的成功之道时，奥尔巴赫说：

> 当我刚开始执教时，人们告诉我要让我最优秀的五名球员上场，但我很早就知道这不是成功的关键。我们获胜的原因不是让五名最优秀的球员上场，而是保证上场的五名球员在一起合作的效果最好。我们赢得冠军是因为让球员们团结在了一起。他们并不一定是我们最优秀的球员。

换句话说，仅仅招募优秀的球员是不够的。领导者必须了解这些球员在什么样的位置上最适合团队并将他们安排到那里。要做到这一点，他必须清楚地了解每个人的长处和短处，并了解他们如何能适应团队的需要。

作家吉姆·柯林斯帮助我们许多人理解了这一原则。在《从优秀到卓越》一书中，他提到过在公交车上让合适的人坐在合适座位上的重要性。成功的领导者也需要帮助员工找到合适的位置。有时这需要调换员工的岗位，以找到他们可以做出最大贡献的地方。但是，有时这意味着尝试和失败。作为一名领导者，你必须从容应对。正确定位人员是一个过程，你必须以这种心态对待它。如果你不这样做，你将永远不会帮助你的员工发挥他们的潜能，也不会像雷德·奥尔巴赫那样创建一支冠军球队。

3. 示范：向他人展示如何领导

我曾经读过一个故事，讲的是一个女人带着她的小儿子去见印度领导人圣雄甘地。“圣人，”她请求道，“请告诉我的小儿子不要再吃糖了。”

甘地说：“三天后再来。”

三天过去了，那个女人带着她的儿子又来了。

甘地对小男孩说：“小男孩，别再吃糖果了，它们对你不好。”

女人不解地问：“您为什么要让我们先离开，三天后再回来？我不明白。”

“我让你三天后带着孩子回来，”甘地回答道，“因为三天前，我也在吃糖果。如果我没有停止吃糖，我就不能让他停止吃糖。”⑤

我已经提到过，示范你想要让他人做到的事情有多么重要，因此在这里我就不再多谈了。但是，当我考虑到培养他人时，为了更好帮助他人在第四层级上发展，我认为领导者必须做出示范表率的有如下几点：

真诚——培养人才的基础；
服务精神——培养人才的灵魂；
成长——培养人才的衡量方式；
卓越——培养人才的标准；
激情——培养人才的燃料；
成功——培养人才的目的。

请允许我再提一点：在讨论第三层级时，你的关注重点是业绩，而我提到了不能忽视第二层级的重要性。同样，在关注第四层级人才的培养时，不要忽略你在第三层级上做的示范。

4. 装备：帮助他人做好工作

喜剧演员杰克·本尼（Jack Benny）曾被任命为好莱坞一支全明星棒球队的名誉经理。当球队准备在洛杉矶与一支职业球队进行一场表演赛时，杰克·本尼将球棒递给他的第一名击球手，并说：“为冠军而战，打出一个本垒打。”

击球手三击未中而出局，杰克·本尼戏剧性地辞去了经理一职。“如果他们不服从命令，”他打趣道，“我怎么能管理他们？”

仅仅告诉人们他们需要做什么是不够的，这并没有开发他们的潜能。相反，领导者必须帮助他们做好工作。彼得·德鲁克指出："任命失败的最大原因是未能思考和帮助他人思考这份新的工作有怎样的要求。"

任命失败的最大原因是未能思考和帮助他人思考这份新的工作有怎样的要求。

领导者如何使人们做好工作并取得成功？我找到了最好的"五步法"。以下是工作机制：

第一步：我做（能力）；
第二步：我做，你和我一起做（示范）；
第三步：你做，我和你一起做（指导）；
第四步：你做（授权）；
第五步：你做，他人和你一起做（复制）。

如果你采用这种方法，你不仅会帮助领导者做好准备，还在教他们如何帮助他人，这将使他们自己成为第四层级领导者。

5. 发展：教他们如何过好生活

在美国，我经常听到一些领导者谈及与他们共事的二十多岁的年轻人是多么有天赋，但这些人非常缺乏生活技能。有人推测，这一代人在过好基本生活这方面有困难是由于家庭破裂和家庭中强势父亲的缺失。无论原因是什么，帮助人们学会如何过好生活都是第四层级领导者的责任。如果你帮助一位新领导者掌握的唯一技能就是如何在工作中取得成功，那么你并没有真正培养这个人走向成功，因为生活远不止工作和职业这么简单。

领导他人的意义是为了让被领导的人充分发挥他们作为人的潜力并走向成功。

古希腊哲学家苏格拉底曾说："领导他人的意义是为了让被领导的人充分发挥他们作为人的潜能并走向成功。"这应该是你在育人层级的目标。创新领导力中心（Center for Creative Leadership）观察到，有三个推动他人领导力发展的关键因素：评估、挑战和支持。作为一名育人型领导者，这些事情对你意味着什么？

评估

作为一名第四层级领导者，你应该持续关注你领导和培养的人在生活技能上的缺陷。问问自己：

- 这个人似乎做不好哪些事情？
- 这个人的盲点在哪里？
- 根据直觉，这个人的思维缺乏什么？
- 为什么这个人没有发挥他的潜能？
- 这个人在追随谁（后者甚至可能将他引向错误的方向）？
- 这个人什么时候表现得好？
- 这个人什么时候会遇到困难？
- 我能找到什么样的线索，从而洞悉这个人在哪些方面需要帮助？
- 这个人最擅长的领域是什么？

一个好的第四层级领导者总是关注他人的弱点和错误想

法——不是为了利用，而是为了帮助他提高能力并走向成功。

挑战

如果你在第二层级与员工建立了牢固关系，并且在第三层级通过优秀业绩证明了自己，那么员工有很大概率会认同你的领导力，并接受你提出的改进挑战。为了做到这一点，请要求你领导的员工做以下事情：

- 阅读与其优势领域相关的书籍；
- 参加能激励他们的会议；
- 在最佳状态下承担挑战性的新任务；
- 面对困难，从而逐渐塑造品格；
- 定期与你会面，接受指导。

重点是在他们生活中的每一个领域，只要你认为他们需要改进，就给他们提出挑战，只需确保在这一过程开始之前获得他们的认同即可。

支持

如果缺少他人的帮助和支持，就没有人能在生活中取得进步。在育人层级上领导的一大任务是帮助新领导者克服生活中的困难。为了做到这一点，我主要采取的方式是无论何时，新领导者都可以与我会面，只要他们有这样的需求，我就会配合。在这些场合，他们将提出具体而难以解决的问题，我尽我所能回答他们。在下次我们见面时，我请那个人告诉我他是如何运用所学知识的，这对我是一种回报。

如果一个人的生活一团糟，这个人很难充分发挥自己的领导潜力。良好的生活技能是一个人建立家庭、事业和精神生活的强大基础。我承认，看到人们发挥他们的领导潜力时，我是最快乐的。但了解到我帮助他们可以使之更加享受生活并过得很好，这让我更为满足。

6. 授权：使人们走向成功

人们经常引用西奥多·罗斯福（Theodore Roosevelt）总统的话："最好的管理者有足够的智慧，挑选优秀的人去完成他想做的事，并且有足够的自制力在那些人做事时不去干涉他们。"他所描述的是赋权。这帮助人们认识到，在没有你帮助的情况下，他们能够做到什么程度。

我必须承认，作为一个领导者，很难做到不插手。当你非常了解你要托付的工作，而接手工作的对象却是新手时更是这样。然而，将工作交给他人完成，是赋予他们权力并最终培养他们成为领导者的一个重要环节。

> 当我信任我将赋予权力的人时，我甚至会把自己放心地交到他们手中。

当你向你正在培养的领导者布置任务时，你需要信任他们并让他们承担责任。信任在你和他们之间创造了一种纽带。当我信任我将赋予权力的人时，我甚至会把自己放心地交到他们手中。当他们以同样的方式回应时，这种共同的托付感便在你们之间建立了一种纽带，加深了你们之间的关系。

当你相信他人时，你就会给予他们动力。没有什么比对他人的信心更能帮助他们扬起自信的风帆了。然而，这种信念必须是真诚的。假装相信他人不会为赋权带来任何激情。你也不能借用别人的信任，因为它没有任何力量。你必须把你与他们一起体验的经历以及他们已经展示的成长历程当作共同成长的养分。这不仅会帮助他们，也会帮助到你。如果你不相信他们，你就无法放手让他们去获得成就。

当你让人们承担责任时，你就增加了他们取得积极成果的可能性。为什么会这样？因为每个人都专注于目标。他们在最后期限前能更好地完成工作，通常也会达到领导者的期望水平。没有责任感，人们就会随波逐流。有了它，人们就能取得成果。

7. 评估：衡量你培养的人，以放大他们的付出

许多人关注获胜的运动队，往往将球队的成功归因于知识渊博的教练。但是，教练知道多少并不决定比赛的胜负。比赛的胜负取决于教练的队员们学到了多少。作为领导者，你如何判断这一点？通过观察你的团队成员在多大程度上可以独立发挥作用。

美国俄亥俄州辛辛那提市的组织效能中心（Center for Organizational Effectiveness）认为，在授权方面，基于团队在多大程度上可以独立工作，可以分出不同的能力水平。

以下是他们认同的六种能力水平，由最不独立到最独立排序。

1. 调查了解。汇报。我来决定做什么。

2. 调查了解。报告备选方案的利弊和你的建议。

3. 调查了解。让我知道你打算做什么，但只有在我允许的前提下才能去做。

4. 调查了解。让我知道你打算做什么，只要我没有否定就去做。

5. 采取行动。让我知道你做了什么。

6. 采取行动。无须进一步联系。

当你与团队成员一起进行人才培养时，你可以根据这六个基准来衡量他们在领导力开发中的定位。你的目标是帮助他们成为领导者，让他们能够在不需要你投入的情况下采取行动。如果你培养的领导者达到了这个标准，那么他们，还有你，都准备好了在第五层级上进行领导，我将在本书的最后一章进行相关讨论。

● ● ●

育人层级的领导力法则

【过程法则、增值法则、朋友圈法则、授权法则、爆炸性增长法则、接纳法则】

如果你想掌握育人层级的领导力，请记住以下领导力法则是如何发挥作用的。

1. 过程法则：领导力的提升是日积月累的结果，而非一日之功

无论你多想成为一名优秀的领导者，你都需要时间来提高你的领导力。领导力的发展是日积月累的，而非一日之功。同

样，培养人才也需要时间。你不能用“微波炉思维”这种速成法去完成这件事。你必须愿意一步一步地去做，必须投入数小时的指导，等待数月、数年甚至数十年，才能看到人们成为优秀的领导者，但这是值得努力的。请记住：指导不是一场竞赛。如果你跑得很快，并试图第一个完成，你最终只会孤身一人。成功到达第四层级的领导者将会在他们培养的下属的陪伴下，一起成功跨越终点线。

指导不是一场竞赛。如果你跑得很快，并试图第一个完成，你最终只会孤身一人。

2. 增值法则：领导者为他人服务以提升价值

当我还是一名年轻的领导者时，我曾认为，让人们跟随我、接纳我的愿景并帮助我实现目标将会是非常美好的事情。我迫不及待地想让别人把我放在他们生活的首位。那时我领导的出发点是错误的。好的领导者把被领导的人而非他们自己放在第一位。

如果你想成为一名伟大的领导者，就要为你领导的人服务。让他们的成功成为你的成功，为他们实现目标的道路扫清障碍。在他们身上投资，让他们成功。关键是要保持仆人的思维。许多人追求成功，但很少有人为他们的下属追求成功。

3. 朋友圈法则：领导者的潜能由最接近他的人决定

生活中最高水平的成就不能由任何个人独自完成，人们需要彼此支持和帮助。即使一个有远大抱负的领导者，如果没有属于自己的朋友圈，也无法实现目标。朋友圈中的这些人帮助你提升领导才能并取得成就，他们就像你的家人一样。如果你评估一个统治者才智的首要方法是看看他身边的人。

想拥有一个良好的朋友圈，那么就要开始培养人才。只有培养领导者并邀请他们与你一起实现愿望，你才能成就伟大的事业。

马基雅维利说："评估一个统治者才智的首要方法是看看他身边的人。他们的能力如何？他们是否品行端正？"领导者的朋友圈是他生活的最准确的映射。如果你没有这样的朋友圈，那就需要把更多的精力投入潜在的领导者身上，培养他们走向成功。而他们反过来也会为你做同样的事情。

4. 授权法则：有安全感的领导者才会授权他人

杰克·韦尔奇在一次采访中说，在通用电气工作时，他注意到有两种类型的领导者：一种会隐藏团队中的优秀人才，另一种则会提拔他们。他说，隐藏最优秀人才的领导者的内心是自私的。相比之下，那些提拔和为他人授权的人具有慷慨的精神。

只有人们愿意赋予领导者权力，提拔他们，并放手让他们去领导，他们才能达到第四层级。这需要强烈的安全感和开阔的思维能力。如果你想在领导力的育人层级上取得成功，就要努力消除不安全感，这样你才可以成为其他领导者的授权者。

5. 爆炸性增长法则：培养追随者，得到相加的效果；培养领导者，得到倍增的效果

当一个领导者达到第三层级时，领导业绩以及组织的影响力就开始起作用。这些指标会在第四层级上成倍增长。每当你培养员工并帮助他们成为领导者时，你不仅会得到他们的能力，

将他们的力量用于组织的发展，还会让被他们领导的每个人的能力发挥积极作用。想要实现时间、精力和资源的倍增，培养领导者是最快和最有效的方式。

6. 接纳法则：人们先接纳领导者，然后才是接纳他描绘的愿景

你可能已经注意到，这是我第三次引用接纳法则。为什么会这样？因为扩大对他人的影响力就是一个不断赢得他人认同的过程。

对领导者而言，致力于为人们服务、使他人充分发挥潜能并成为新的领导者，是非常鼓舞人心和充满活力的事情。如果领导者在第一层级上表现出与其职位相称的行为，在第二层级上建立良好的关系，在第三层级上带头做出高业绩的示范，并在第四层级上通过培养员工来投资他们的发展，那么员工就不仅仅会了解领导者的愿景，他们更能实现愿景。为什么会这样？因为领导者为愿景赋予了生命力，员工发现这是鼓舞人心和充满活力的，所以他们就会接受它。

• • •

帮助领导者提升到第五层级的信念

如果你成功提升到了第四层级，那么你已经拥有了相当高水平的领导力，超过了近 90% 的领导者。但是你或许还有能力达到一个更高的层级，只有不到 1% 的领导者实现了这一目标。

为了让自己做好尝试一次登顶的准备，让自己有最大的概率登上巅峰，你必须首先接受以下信念。

1. 领导者的最高目标是培养领导者，而不是获得追随者或完成工作

完成工作很重要，也值得为此全力付出。领导他人并让他们帮助你实现愿景是一件美妙的事情。但培养他人更为美妙，这应该是你作为领导者的目标。

我相信我已经充分阐释了领导者如何通过关注领导力开发来提高业绩。但我认为值得一提的是，新手领导者生活状况的改善是领导力发展的最高目标。当你帮助别人成为领导者时，你就改变了他们的生活，改变了他们看待世界的方式，提升了他们的能力，增加了他们的潜能，同时你也改变了他们与他人互动的方式。如果他们成为好的领导者，你不仅可以帮助他们改善生活，还可以帮助他们所接触的每一个人改善生活。我相信这就是你让世界变得更美好的方式。

领导者如何做到这一点？可以应用帕累托原则。我在第三层级中描述了如何使用 80/20 原则来提高生产率。同样的原则也可以用于培养领导者。作为第四层级领导者，你应该将 80% 的注意力集中在培养你所拥有的 20% 的最佳领导者上。这种专注会给你带来最高的回报。少量领导者给一个组织带来的回报会比数百名追随者还要多。

将你的发展重点集中在前 20% 的优秀领导者新手上，也会让你在第五层级取得成功，因为最有潜能、投资回报率最高的领导者也最有可能扭转局面，继而培养更多其他领导者，这就是第五层级的重点。

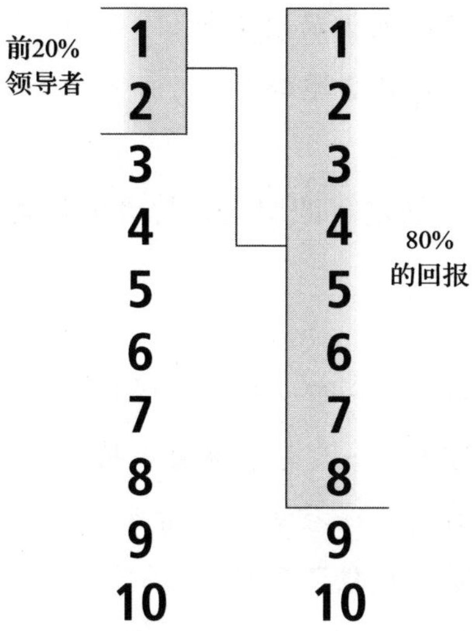

2. 要培养领导者，你必须创造一种领导文化

如果你没有创造领导文化，即使你非常重视培养领导者并实践 80/20 原则，也无法提升到第五层级。吉姆·布兰查德在 Synovus 就是这样做的。布兰查德在接受乔治·巴纳（George Barna）采访时说："我认为最重要也最困难的事情是在组织中创造一种高度重视领导力的文化。公司员工必须意识到这是一家以成长为导向的公司，而最重要的成长目标就是你自己，因为你会通过自己的成长让公司变得更好……因此，我认为有必要确保企业文化高度重视领导者的培养。"布兰查德接着提出了一些关键问题，帮助领导者审视他们是否真的在努力创造领导文化，并正确强调培养领导者的重要性。他会问：

领导力培养占公司总支出的百分之几？

进行什么样的正式培训？

在多大程度上奖励领导者？

有优秀导师的名单吗？[6]

如果你想开始创建第四层级领导者的培养文化时，请执行以下操作：

支持领导力——定义领导力并做出良好表率；

传授领导力——定期、频繁、持续地培训领导者；

实践领导力——在新手领导者做计划并执行，经历失败或走向成功时提供帮助；

指导领导力——回顾刚上任领导者的表现并纠正他们的错误；

奖励领导者——用薪酬、资源和认同奖励优秀领导者。

如果你将组织的目标定为支持、传授、实践、指导和奖励领导力，那么人们就会希望成为优秀的领导者。他们会努力帮助他人成为优秀的领导者，因此组织实现愿景的潜力将会呈爆炸式增长。

3. 培养领导者是一种人生选择，而不是工作任务

第四层级领导者培养人，而第五层级领导者毕生都在不断培养领导者，他们培养的领导者也培养其他新手领导者。这成为他们随时随地实践的一种生活方式，而不是他们实施的计划或偶尔实践的任务。指导他人成长是他们心甘情愿的行为——努力提升他人的价值。他们之所以重视培养领导者，是因为他们已经不再追求成功的地位，而是转变为追求人生

的意义。

我们生活在一个物欲横流的世界。如果你经常扪心自问，我们如何满足这么多的需求，那么你将意识到，只有我们培养出能够满足这些需求的领导者，最大的需求才能得到满足。这是我培养领导者的原因之一。我相信这是一项值得终身付出的事业。我希望你能接受这项开发人才、培养领导者的挑战。如果你这样做了，就绝对不会后悔。

第四层级成长指南

在你回顾与育人层级领导力相关的优势、劣势、最佳表现和信念时，请使用以下指南，帮助你作为领导者成长。

愿意让自己不断成长

没有什么比不愿意进步的老师更加糟糕的了。作为一名领导者，你只能培养出与你同样的新领导者。如果你对学习保持开放，你领导的人也会保持开放。如果你的思想封闭，你指导的人的思想也会如此。那么你如何不断成长，保持开放的思维呢？首先，保持愿意虚心学习的心态，即“三人行，必有我师焉”。其次，遵守自己的成长计划。如果你不是有意识地成长，就不可能帮助别人有意识地成长。好消息是：如果你已经在个人发展上进行了投资，猜猜结果如何？你已经完成了大部分艰难的工作，那么你就继续学习吧！

确定人们值得为之付出努力

喜剧演员兼作家戴维·塞达里斯（David Sedaris）说："我完全不知道如何改变别人，但我一直有一长串的可行性办法，说不定哪天我就知道答案了。"[⑦]这不是迈向育人层级的正确方法。你在他们身上投资的原因不应当是害怕他们会制造麻烦，而是希望改变他们。你投资他们的原因应当是相信他们值得你付出，你愿意不辞辛劳地帮助他们。如果你还没有做出这样的决定，那么你需要做出这个决定后再开始投入。

克服你的不安全感

害怕出丑或被取代的领导者很少培养其他领导者。如果这一描述适用于你，那么你需要处理这些问题，才能提升到更高的领导力水平。花一些时间与你信任的人以及足够了解你的人讨论你存在的问题，并征求他们的意见和帮助。如果需要，征求咨询专家的建议。尽一切努力解决这一问题，因为缺乏安全感的领导者不会培养他人，而不培养他人的领导者永远不会成为第四层级领导者。

招募你能培养的最佳人才

大多数领导者把时间和精力花在了无法胜任的人身上，也就是最底层的 20% 的人。通常占用领导者大部分时间的人是麻烦制造者、抱怨者和正在挣扎的人。这些人往往最缺乏领导潜力，推动组织前进的可能性最小。第四层级的领导者应把最好的时间和精力集中投入到前 20% 员工中，即那些不需要关注但能产出最大效益的人。请环顾一下你影响范围内的所有人，谁是最有潜力进行领导并产生影响的人？这些人才是你培养的目标。

承诺付出时间培养领导者

育人需要很多时间。要在第四层级上领导，如果你想对人进行适当的投资，你可能需要将多达一半的时间用于育人。为了做到这一点，首先，需要建立一个支持系统来解放自己，如果你必须自己完成每件事，你就很难找出时间指导他人。其次，基于人们的潜能确定你要分配给他们多长时间。领导者的价值在于他对员工的投资，而不是他个人能做什么。这种投资必须明智地进行，并且应该是头等大事。

确立个人发展流程

本杰明·富兰克林观察到："大师的眼睛比双手更忙。"想要培养人才，观察、辨别和分析的能力至关重要。第四层级领导者认识到员工的能力，并能够顺畅地与他们合作。他们能够指导具有不同天赋、气质和风格的人。普通领导者试图以同样的方式领导每个人，第四层级领导者则会"因材施教"，这需要创造力和绝对的信心。

> 尽管成长是从内心开始的，但它一定会有外部成果体现。

话虽如此，但我必须补充一点，第四层级领导者也会为培养过程建立结构框架和稳定性。在培养领导者时，请记住以下准则。

- **这个过程必须每天进行。**你成功的秘诀取决于你每天的日程安排。如果缺乏频繁的联系，没有人会在很少涉猎的领域把事情做好。

- **这个过程必须是可衡量的。**尽管成长是从内心开始的，但它一定会有外部成果体现。因此，你和你指导的人必须能够观测并验证成长的目标。如果他们不知道自己要去哪里，怎么会知道自己能否到达终点呢？
- **这个过程必须包含他们重视的东西。**如果你纳入了员工想要的东西，他们就会受到激励去实现目标。
- **这个过程必须符合你的优势。**当人们要求我指导他们时，我的第一个问题是："在什么领域需要指导？"我只擅长几件事，并且只能在我的优势领域帮助他们。当你准备培养人时，要在优势领域进行传授，并鼓励你指导的人寻找更好的老师，帮助他们在你无法指导的领域进行指导。
- **这个过程必须匹配他们的梦想。**我在《考验你的梦想》（*Put Your Dream to the Test*）中指出，一个人实现梦想的理由越充分，他们实现梦想的概率就越高。理由充分也会增加一个人实现个人成长的概率。

不要"单打独斗"

在第四层级上培养领导者的秘诀之一是让你指导的人尽可能多地站在你身边，这样他们就可以了解你在各种情况下的思维和行为。你的目标首先是让他们以你为榜样进行观察，但你要尽快让他们在监管下承担起责任。同样地，你也要让他们了解你的想法和行为。一旦他们准备好了，就授权给他们，让他们自己行动。

融合发展的软硬两面

第四层级领导者必须同时处理人员问题和业务问题，他们要能有效地完成这两个任务，这是一门艺术。在培养人员的过程中，保持人际关系，重视他们并为他们增值。同时，做好你的本职工作，维持良好的业绩。你也可以记录下能够帮助你做到这两件事的心得体会，写下你的优先事项，并把它们按重要性排序，从而指导实践。

承担激励他人的责任

你培养的人需要有自我动力，但领导者也需要创造能量并激励他人去实现目标。在你培养人才的过程中，要努力创造情感上的参与过程，鼓励你指导的人去冒险并分享他们的经历。太多的领导者是与他人脱节的，他们的心态是"我也做过同样的事，此事不过如此"，这种心态会疏远他人，不可能吸引到优秀人才。相反，如果你的心态是"我做过这件事，我很喜欢做这件事"，那么人们会被你吸引，并希望在与你共事时尽最大努力。

做一个平易近人的领导者、榜样和导师

用一扇敞开的门和一颗开放的心邀请人们走进领导者的生活。只有在领导者愿意敞开心扉并承担激励责任时，这种开放性才会出现。我鼓励你承担这一责任，因为当你这样做时，你将与你领导的人建立一种特殊的联系。开放、谦逊和透明度总是受人欢迎，因为这些品质允许他人提问、冒险和做自己。这将领导力发展提升到一个全新的水平。

07

第 7 章

第五层级 巅峰

帮助其他领导者发展到
第四层级是领导者的最高成就

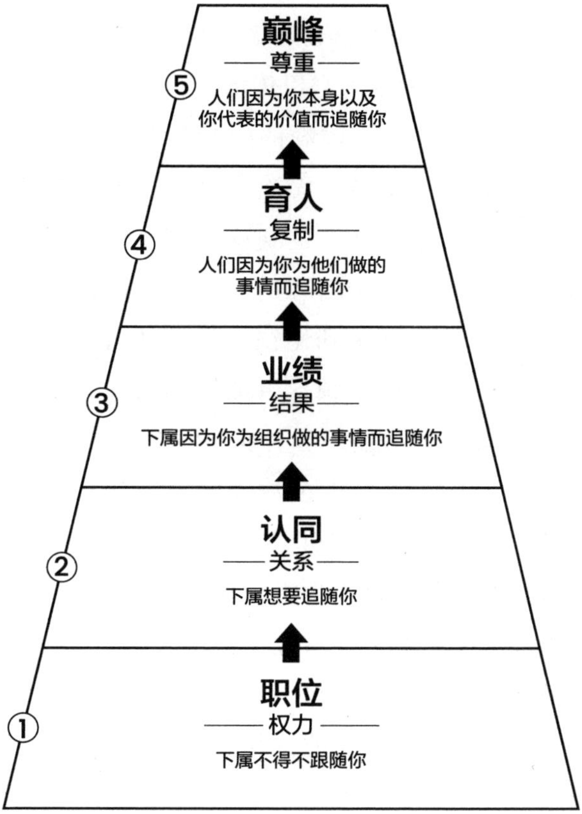

很少有领导者到达第五层级——巅峰。这一层级不仅要求领导者在其他四个层级上都表现极好，而且需要领导者具备高超的技能和一定的天赋领导力。要培养其他领导者，使他们达到第四层级需要领导者付出很多努力。这就是第五层级领导者所做的事情。达到第五层级的个人能够长期进行良好的领导，并使组织中的领导力得以传承。

巅峰的领导者与众不同。他们最为卓越，无论在哪里，他们似乎都能取得成功。达到这一高度的领导者能够提升整个组织的士气，使部门环境让每个人都感到愉快，帮助他人取得成功。第五层级领导者的影响力通常能够超越其所在组织和行业的限制。

大多数领导者都是在职业生涯的后期达到巅峰，但巅峰并不是休息区，领导者也不应停止前进。

大多数领导者都是在职业生涯的后期达到巅峰，但巅峰并不是休息区，领导者也不应停止前进，只顾欣赏自己的成就。这里生机勃勃，领导者们在这一层级上可以发挥出最大的影响力。这就是为什么达到巅峰的领导者应该尽可能地充分利用这一层级。他们应该怀着感激和谦卑，尽力提拔领导者，应对重大挑战，并扩大他们的影响力，在自己的组织和行业之外产生积极的影响。

● ● ●

巅峰的优势

【你的影响力已经超越了你所及和所处的时代】

在写有关第一层级的内容时，我提到过：当你不断提高领导力层级时，领导力的优势会不断增加，而劣势则会减少。然而，第五层级不符合这条规律。在巅峰层级，我只看到三个主要优势。尽管数量很少，但其中每一个优势都至关重要，具有巨大的影响力。

1. 巅峰领导者创建第五层级组织

许多组织似乎很难维持运转，另一些组织则努力逐步成长或提高盈利能力。与此同时，一些组织超越了其他组织，它们的发展水平非同寻常。秘诀是什么？领导。伟大的组织有伟大的领导者，而能力最强、最优秀的组织，即第五层级组织，之所以能发展到如此高的水平，正是因为它们的领导者是第五层级领导者。

几十年来，通用电气一直被视为商业模范。年复一年，它被《财富》杂志提名为领导力前十的组织。为什么？因为多年来，它一直由杰克·韦尔奇领导，而他是一名第五层级领导者，他的工作重心是将其他领导者培养成第四层级领导者，也就是培养其他领导者的领导者。

第五层级的领导者赋予许多人更多权限，扩大了领导范围，因此这些领导者帮助组织中的每个人打破了领导力上限。由于他们培养了很多领导者，并在职业生涯的长路中不断这样做，使他们的组织拥有了丰富的思维模式。组织中的人获得了很多机会，并且希望继续获得这些机会。每一位领导者不断发展，每个人不断把握机会，组织也随之不断壮大。随着时间的推移，领导力成为组织 DNA 的一部分。即使有一位领导者去职或退休，也有许多领导者准备好、有能力接替他们的位置，因为第五层级的组织拥有一批不断涌现的领导者。

因为第五层级领导者在每一个层级上都不断努力从而达到巅峰，他们对领导力的认知水平很高，实践能力很强。随着从一个层级到另一个层级的转移，他们不断经历某种转变。因此，第五层级领导者具备洞察力，能够认识到其他领导者处在哪个发展阶段，并在他们升级到更高层级时，帮助他们应对各种变化。

2. 巅峰领导者在组织内部进行传承

第五层级领导者希望做的不局限于管理好一个组织。他们想要的不仅仅是成功，更是传承。记者沃尔特·利普曼（Walter Lippmann）所言极是："对一个领导者的终极考验是在他离开后，他人是否拥有坚定的信念和继续前进的意愿。"如果你达到领导力的巅峰层级，就有机会超越任期甚至生命的限制，对他人产生影响。你可以通过培养下一代领导者来实现这一目标。

> 对一个领导者的终极考验是在他离开后，他人是否拥有坚定的信念和继续前进的意愿。

评估第五层级领导者的水平要参考他们培养的领导者的能力，而不是他们自身的领导能力。他们的领导方式也随之改变。联合信号公司（Allied-Signal）前首席执行官拉里·博西迪（Larry Bossidy）理解了这一点，他提问："作为一名领导者，我表现得怎么样？答案是你领导的人在做什么。他们学习了吗？他们能应对冲突吗？他们开始改变了吗？当你退休的时候，你不会记得你在1994年第一季度做了什么，你只会记得你培养了多少人。"

不仅如此，你还会记得你如何成功培养人才，以及在你离开之后，这些人才如何高效地维持组织运行。在第五层级的组织中，当最高领导者卸任后，通常会有许多领导者准备好站出来执掌大权。这样的组织拥有连续性，而领导者较少的组织则缺少这样的特性。

3. 巅峰领导力扩展了领导平台

在美国，我们相信每个人都有发言权。但即使在一个相对宽松的社会里，你也必须努力赢得被倾听的权力。第五层级领导者已经付出了相应的努力并赢得了这一权力。他们自身领导得很好，并且培养了其他优秀的领导者，所以他们的影响力超越了他们的能力范围。在其直接影响范围之外的人也会听说他们的事迹，并寻求他们的建议。第五层级领导者能够跨越行业或专业领域的界限，其发言具有权威性。人们尊重他们本身以及他们代表的事物。这为领导者们提供了更大的平台和扩展的影响力。他们往往有机会对社会产生更广泛的影响或推进领导力事业的发展，重新定义领导力，并且将自己投入下一代领导者的培养中。

即使在一个相对宽松的社会里，你也必须努力赢得被倾听的权力。

想想那些置身于政府、商界、教育和宗教界的伟大领袖。他们的影响力远远超过了他们领导的组织的范围。纳尔逊·曼德拉的权威几乎没有边界，每个人都尊敬他。杰克·韦尔奇不再领导通用电气，但不同国家的人们都在征求他的领导建议。几十年来，美国总统一直在向比利·格雷厄姆征求建议。这些领导者影响广泛，声誉卓著。

随着这种影响力的扩大，我们有责任以正直的态度对影响力进行管控。第五层级领导者明白，领导的最高职位并不意味着接受他人的服务，而是要为他人服务——不应索取，而应奉献。

最近，当玛格丽特和我参观瑞典斯德哥尔摩的诺贝尔博物馆（Nobel Museum）时，我们见证了这样的管控。我们的导游给我们讲了一些伟大的、使世界更美好的人们的故事。阿尔伯特·爱因斯坦是（Albert Einstein）诺贝尔奖获得者之一，他曾经说：

> 我们在地球上的处境很奇怪。我们每个人都会完成一次短暂的旅程，也不知道是为了什么，有时候又似乎有其目的。然而，从日常生活的角度来看，我们知道一件事：一个人是为了其他人而来到这个世界上的——首先是为了一些人，他们的笑容和幸福决定着我们的幸福；其次还为了无数未知的灵魂，我们通过共情的纽带与他们的命运联系在一起。我每天都会多次意识到，我自己的外在和内在生活建立在我的同胞的劳动之上，无论他们在世与否；我意识到为了回报我所得到的一切，我必须竭尽全力。

爱因斯坦的名声远远超出了学术殿堂和物理学领域。在他去世后的很长一段时间里，他的影响力依旧存在。像他这样高水平的领导者和思想家能够做到这一点，那些成功到达巅峰层级的领导者也同样可以。

领导力之旅可以让个人在人生旅程中经历三个阶段：学习、盈利、回报。在旅程开始时，被赋予领导地位的人面临着一个决定。他们现在是要学会更好地领导，还是要依靠自己的职位，保卫自己的地盘，扮演“山中之王”来维持现有的地位？那些选择学习的人进入了学习阶段，开始慢慢提升领导水平。通常，当他们达到业绩层级时，他们开始得到认同和领导力的奖励。这时，大多数领导者进入盈利阶段。许多人满足于此。他们爬上了组织的阶梯，得到了同龄人的尊重，并且过着很好的生活。只有那些决定回馈他人并培养其他领导者的领导者才能进入回报阶段。只有那些致力于培养更多领导者并全身心地投入这项任务中，将全部精力和资源用于培养其他领导者的人们才有机会登上巅峰。

无论你走到领导力之旅的哪个阶段，我都鼓励你尽力学习，不断学习。当你到达盈利阶段时，不要停在那里。不要仅仅为了自己的利益而领导他人。开始为他人奉献并教他们如何领导，这样你才可以进入回报阶段。只要你长期这样做且做得足够好，就有机会达到第五层级并体验它的优势。

• • •

巅峰的劣势

【可能会妄自尊大】

每个层级的领导力都有劣势，最高层级也不例外。但好消息是：在巅峰层级，受劣势影响的领导者比其他任何层级都少。为什么会这样？因为不够成熟的领导者很难达到巅峰。领导者在上一阶段得到的每一个教训都会约束他们的行为，防止他们偏离正轨。但也有坏消息。那些容易受到巅峰劣势影响的人会急速坠落，使其之前的一切努力毁于一旦。

如果你达到巅峰，你需要提防以下三件事情。

1. 登上巅峰会感觉自己已经抵达终点

这很讽刺，但巅峰层级的领导者面临的最大危险之一与底部职位层级领导者面对的问题相同：领导者会认为他们已经抵达了终点。如果你以目的地导向型思维开始领导力之旅，且在领导力的五个层级上一直保持这样的心态，那么你可能会认为到了巅峰层级，就可以停下休息，闻一闻玫瑰的香味，充分利用你的特权。如果你是这样想的，那你就要小心了！

吉姆·柯林斯在《再造卓越》（*How the Mighty Fall*）一书中写道，那些堕落的人往往有一种特权心态，而支撑这种心态的是傲慢。他写道："这样的领导者认为成功是'应得的'，而非偶然的、转瞬即逝的，或是在概率极低的情况下来之不易的；人们开始相信，无论组织决定做什么或不做什么，他们都会保持成功。"

领导者的决定总是会产生影响，无论是好是坏。已达到行业或组织最高水平的领导者不能将任何事情视为理所当然。无论他们过去有多出色，他们仍然需要以高水平制定战略、权衡决策、计划并执行方案。动势可以解决很多问题，但巨大的动势也无法一直弥补疏忽、傲慢或愚蠢的漏洞。

领导者也不应将组织视为他们的个人财产，哪怕事实确实如此。为组织工作的员工将自己委托给组织。如果你是领导者，你不能在做决定时只考虑你自己和你的个人利益。每个人付出多少就得到多少。

那些在自己的领域达到巅峰的人往往会感到自己已经没有什么可学的了，这种倾向十分危险。如果你也有类似的感觉，那这就是终结的开始。为了保持高效，领导者必须不断学习。你永远无法到达终点——你只能努力变得更好。你担任领导的每一天都必须保持这种思维。你每天都要保持这种状态进行领导。如果你不再学习，你就不再成长。

领导者必须不断学习。你永远无法到达终点——你只能努力变得更好。

2. 登上巅峰会让人刚愎自用

把自己看得太重要，觉得自己是上天赐予他人的礼物的这种想法最为可笑。然而这种情况不断发生。陶醉于自己的权力和地位的人们并不罕见。

瑞典国王古斯塔夫斯·阿道夫（Gustavus Adolphus）就是这样一位领导人。他以才华横溢的军事指挥水准而闻名，在统治期间，他把瑞典从一个小国发展成为欧洲的大国并开创了瑞典的黄金时代。但和许多强大的领导人一样，他开始相信他想做的任何事情都会自然成功。

当国王在三十年战争中作战时，他希望统治波罗的海。为了做到这一点，他决心建造一艘在外形和尺寸上都超过其他船只的船。尽管他没有海军方面的专业知识，但他还是选定了该船的尺寸和装备，并把要求提交给造船厂。下面是描述这次冒险的文字："没有什么比让国王陛下的船拥有最华丽的装饰更能令人印象深刻，更能增加陛下的光辉。"

这艘船被称为"瓦萨号"（Vasa），以皇室命名。随着战争的激烈进行，国王越发急于让这艘船下水。下水前本应有检查稳定性的测试，但国王等不及了。因此，1628 年 8 月 10 日，瓦萨号开始了它的处女航。数千人看着这艘船慢慢离开斯德哥尔摩的港口。一阵风吹来，船开始摇晃。接着它翻了个跟头，浮到水面上，在离海岸不到一英里的地方沉没了！显然，国王的信心不足以阻止梦想的沉没。

无论何时，一旦领导者开始刚愎自用，他就将面临麻烦。当一个人在自己的专业领域达到很高的水平时，别人对这个人的认知就会出现偏差。在别人的心目中，他们已经成圣成贤。很多时候这都是夸张的宣传，没有哪位第五层级领导者真正像人们所称赞的那样出色。而且，不论领导者领导了多久，领导得多好，他们都无法凌驾于领导力法则之上。这些法则就像地心引力一样。无论你是否相信它们，它们都会在你身上起作用。

如果你成为第五层级领导者，千万不要忘记，和其他人一样，你是从底层的职位领导者开始一切工作的。你必须努力建立人际关系，必须证明你的工作效率。只有通过努力，你才能影响他人的生活。你要自信，但也要谦虚。如果你成功了，那只是因为一路上有很多人帮助你。

3. 登上巅峰会让你失去关注焦点

当领导者达到第五层级时，他们会获得极多机会。每个人都想听听这样的领导者想要说些什么。但其中很多机会只会分散注意力，并不会助力领导者的组织或事业发展。

在《从优秀到卓越》中，吉姆·柯林斯讲述了一个故事，说明了这个道理。他以克莱斯勒（Chrysler）前董事长李·艾柯卡（Lee Iacocca）为例，写道：

> 例如，李·艾柯卡将克莱斯勒从灾难边缘拯救了回来，创造了美国商业史上最著名（实至名归）的转折点之一。在其任期过半时，克莱斯特的业绩达到了市场平均值的2.9倍。然而，随后他的注意力就转移到了如何使自己成为美国商业史上最著名的CEO之一上面。据《投资者商报》（*Investor's Business Daily*）和《华尔街日报》（*Wall Street Journal*）记录，艾柯卡定期出现在“今日秀”（*Today Show*）和“拉里·金现场秀”（*Larry King Live*）这类脱口秀节目中，主演了八十多个商业广告，有竞选美国总统的想法（曾宣称“管理克莱斯勒比管理国家难度更大……我能在六个月内处理好国家经济问题”），并大力宣传了他的自传。这本名叫《艾柯卡自传》的书卖出了700万册，使他获得了摇滚明星般的地位……艾柯卡的个人股票飙升，但在他任期的后半段，克莱斯勒的股票下跌了31%，落后于市场一般水平。[①]

如果达到巅峰的领导者想要充分利用在这一层级的时间，

他们必须持续专注于他们的愿景和目标，并继续在最高层级上进行领导。

不得不承认，我偶尔会在领导过程中无法集中注意力。几年前，我在 EQUIP 经历了这样的事情。在公司成立的前 8 年，我们专注于培训 100 万名国际上的领导者。我们称之为“百万领导者授权”（Million Leaders Mandate）。这要求我们非常专注，而我们投入了所有的资源来实现这一目标。在达到目标后，我们进行庆祝。我送给每位员工、领导力培训师和主要捐赠者一枚戒指，以感谢他们的付出。但后来，我们失去了关注的焦点。我们继续培训领导者，但我们感到失望。我没有专注于一个新的目标，所以团队也缺乏目标。这是一个严重的失误，这意味着我们没有利用已经创造的动势继续前进。但好消息是，EQUIP 领导者们聚集在一起，确定了我们的下一座“大山”，并再次集中精力进行攀登。

无论你在领导力之旅中走到哪里，都不要忘记，帮助你走到这一阶段的事物无法帮助你再走向下一阶段。向前迈出的每一步都需要你专注并愿意不断学习、适应、制定战略和努力工作。没有专注、谦逊和努力，你就无法保持领先地位。

• • •

第五层级的最佳表现

【如何利用巅峰平台超越自我】

领导力始终应当关注他人，而不是关注领导者。在每一个层级上都是如此，在第五层级上尤为重要，因为高水平的领导力让人们出于深深的尊重而选择跟随领导者。巅峰领导者有很强的马力，他们需要好好利用它，而不仅仅是使自己过得舒适。以下是我的建议。

1. 在巅峰为其他人腾出空间

任何第五层级领导者都能做的事情之一就是在巅峰为其他领导者腾出空间。这一点极为重要。大多数领导者都以培养追随者为目标，但使追随者聚集起来并不能为其他领导者创造空间。作为巅峰领导者，你必须创造这样的空间。这始于第四层级，也就是你开始培养领导者的时候。如果你不断地这样做，并尽可能提拔优秀的领导者，你就会在组织中创造一个积极变革的循环，为领导者腾出空间。这似乎是反直觉的。有了更多的领导者，空间难道不会变小吗？不会。原因如下：当你培养了一个领导者，这个领导者又会培养其他领导者，你便能够在高层创造更多的空间，因为你扩大了整个组织的规模和权力。每当你培养出优秀的领导者，帮助他们找到一个进行领导并产生影响的位置时，他们都会吸引更多优秀的人聚集在身边。因此，组织（及其潜能）得以发展，它需要更多优秀的领导者。这一过程为其他领导者创造了扩大循环以及向高层迈进的动力，有助于推动组织进一步发展。

在巅峰层级上培养领导者需要高超的技能和专注度。培养领导者并不容易。培养那些致力于培养其他领导者，而不是仅仅领导他人的领导者更加困难。当我针对只有追随者的领导者和培养领导者的领导者进行研究时，我开始注意到一些微妙但明显的区别。以下是培养领导者的第五层级领导者的特征。

领导者的愿望：有人接替而非被需要

在我领导生涯的早期，我很高兴别人需要我。我喜欢听到这样的话："没有你，我们无法成功。如果你走了，我们该怎么办？你是唯一真正了解我们的领导者。"可悲的是，我相信了这些话！

在现实中，没有人是不可或缺的。更糟糕的是，允许他人依赖于你只会满足领导者的自尊。这种领导风格十分受限，无法长期持续。

> 终极领导者愿意培养人，使其在知识以及能力方面超越他本身。

培养领导者的第一步是要有培养人的愿望，这样他们就可以在没有你的情况下取得成功。领导力专家、联邦快递前执行官弗雷德·曼斯克（Fred A. Manske Jr.）评论道："终极领导者愿意培养人，使其在知识以及能力方面超越他本人。"在巅峰层级，你应当永远以此为目标。

领导者的焦点：关注员工的长处而不是劣势

一些领导者采取咨询辅导的方法来培养员工。这意味着他们会专注于某人做得不好或做错的事情，并致力于帮助他们在这些方面进行纠正。事实上，当我开始我的职业生涯时，我花了很多时间对人们进行咨询辅导。但我沮丧地发现，与我共事的人没有取得什么进步。坦诚地说，我不是一个优秀的咨询顾问。但后来，我激动地发现了过去没有取得进展的主要原因。过去的我关注于人们的劣势，这并不是培养员工的正确方法。

如果你想培养人才，你必须帮助他们发现并扩展他们的优势。人们在优势区最有发展潜能。发展他们的优势是帮助领导者成为世界级领导者的唯一途径。

领导者的态度：放弃权力而不是囤积权力

你小时候玩过“学领袖”的游戏吗？游戏的目标是尽可能长时间地确保你在队伍的最前面。获胜的孩子最热衷于尝试他人无法模仿的事情。作为一个第五层级的领导者，你需要付出与小时候囤积权力同等的努力，积极地向其他领导者移交权力。领导者需要拥有开放的态度，拥有“让我们一起领导”的思维。你必须成为世界级的授权者。正如林恩·乔伊·麦克法兰（Lynne Joy McFarland）在《21 世纪领导力：与 100 位顶级领导者的对话》（*21st Century Leadership: Dialogue with 100 Top Leaders*）一书中所言：“授权领导模式从职位权力转向人的权力，为所有人都赋予领导角色，以便他们充分发挥能力。”

> 授权领导模式从职位权力转向人的权力，为所有人都赋予领导角色，以便他们充分发挥能力。

领导者的视角：看到潜在领导者的发展潜能，而不是他们的现状

在任何层级上，培养领导者的关键之一是：不要像其他人一样关注人们的现状，而是要关注他们能够成为怎样的人。帮助人们缩小其现状与潜能之间的差距是促使第五层级领导者将其他领导者提升到第四层级的动力。我们不需要做什么就能了解一个人的现状。但想要认识到这个人的潜能并且帮助其充分发挥潜能，需要领导者具备远见、想象力、技能和付出。这正

是一位顶尖领导者需要带给公司的价值。

领导者的影响：意识到只有第五层级领导者才能培养出第四层级领导者

领导和培养领导者并不容易。具有高潜能的领导者只会追随能力卓越、经验丰富或二者都具备的领导者。领导力为 9 分的人不会追随能力为 5 分的人。因此，顶尖领导者不能将开发潜在领导者的过程委托给天赋逊于前者的人。这是无效的。如果你的组织中有潜在的第四层级或第五层级领导者，而你是第五层级领导者，你必须投入时间和精力来指导他们。否则，他们会去其他地方寻找愿意这样做的第五层级领导者。想要让最优秀的潜在领导者留在组织中，你必须在他们身边，伸出手并帮助他们提升到与你相同的水平。

2. 不断指导潜在的第五层级领导者

我已经在领导力领域进行了 35 年的教学和写作。在这段时间里，我有幸与许多组织合作，其中每一个都有自己独特的问题、需求和情况。然而，它们都有一个共同点：需要更多更好的领导者！组织中从来不会有人说："我们的领导太多了。我们的领导比我们想要的要好。你能帮我们摆脱一些吗？"

最近，我见证了我的朋友比尔·海贝尔斯和通用电气前首席执行官杰克·韦尔奇的一次会面。比尔向韦尔奇询问了有关继任者的问题（我稍后将专门讨论这个问题）。韦尔奇说："在退出通用电气前几年，我列出了一份潜在继任者名单。这份名单包括三类：处于有利地位的领导者、有潜能的领导者和长期潜力股。然后我列举了几个人。"

在他讲话时，我开始思考他是如何从处于有利地位的领导者中做出抉择的。但在我进一步思考之前，韦尔奇就提到他的继任者来自长期潜力股一类，这令我非常惊奇。我开始思考指导的重要性。我得出以下结论：

1. 你必须有很多优秀的领导者，再从中选择最好的领导者；

2. 你必须对所有潜在的第五层级领导者都投入最大努力，因为最终表现最出色的人可能出乎你的意料。

无论你的领导潜能有多大，你都应该努力提升到第四层级，这样你就可以在其他人身上投资。但是如果你达到第五层级，你就有了更大的责任。除了第五层级领导者之外，没有人可以培养出新的第五层级领导者。如果你到达了巅峰，那就请你为最优秀的潜在领导者提供充分的条件，并不断指导他们。

3. 创造一个让你脚踏实地的朋友圈

当领导者达到第四层级时，朋友圈会让他们变得更好。朋友圈法则提出，最接近领导者的人决定了他们的潜能。朋友圈成员帮助领导者将组织提升到更高的层级，在第五层级仍然如此。但朋友圈还必须完成另一项功能：它必须使领导者保持脚踏实地。正如我之前解释的，领导者很容易在第五层级变得刚愎自用。一个好的朋友圈可以帮助处于巅峰级别的领导者绕开这一陷阱。

吉姆·柯林斯在《再造卓越》（*How the Mighty Fall*）一书中写道，在非常成功的组织中，原本健康的团队动力机制可能会受到侵蚀。“对话和辩论的质量与数量明显下降，开始向共识或独裁管理转变，而不再是先有争论和分歧，然后共同努力执行决策的过程。”当这些状况发生时，领导者和组织都会遇到麻烦。

在第五层级，一个好的朋友圈给领导者做自己的机会，也会就领导者自身问题讲真话。这些事情使旅程愉快，防止领导者感到孤独，也防止领导者骄傲自大。好消息是，朋友圈里的人可以像你的家人一样，成为你最喜欢的人。

4. 为组织做只有第五层级领导者才能做的事

当领导者到达第五层级，他们可以看到并做到其他层级领导者无法完成的事情。其中一些显而易见。如果你是组织的最高领导者，你需要为它指引方向。你需要成为组织中每个人的好榜样，带头重视员工，不断成长，实践黄金法则，做真诚的人，展示良好价值观并遵循正确的优先次序。

其他事情可能不那么明显，并且针对你自己和组织处境十分具体。你也许能够开发出具有突破性的产品或服务。你也许能够捍卫某种价值观或事业，而他人无法如此高效地完成这一任务；你也许能够帮助人们改善他们的生活；你也许能够以独特的方式影响你的社区；你可能会与那些能帮你做重要事情的人建立人际关系。这些年来你完成的所有工作和你所获得的所有影响力都掌握在你手中，你可以利用它们完成更伟大的事情。你必须对各种可能性保持眼睛、耳朵和内心的开放。你的成功并不仅仅是因为你自己。第五层级领导者拥有进行领导和说服的平台。只要可以，用它来传递那些曾经帮助过你的事物。领导力就是影响力，要利用它为他人增值。

5. 为你的继任做规划

20 世纪 80 年代中期，我有幸与管理专家彼得·德鲁克共度了几天时光。一群领导者有机会和他坐在一起，倾听、做笔记、提出问题。我从德鲁克身上学到了很多奇妙的东西，但他提出的一个问题给我带来了最大的挑战。在会议期间，他问我们每个人：“谁将取代你？”

在此之前，我从未问过自己这个问题。当德鲁克问这个问题时，我没有回答。但在那之后，我决心改变生活方式，找到问题的答案。从那天起，我致力于培养我影响范围内的最高领导者，并帮助他们准备好尽可能地以高水平领导他人。

留下一位继任者是一位领导者能给予组织的最后一份礼物。领导权的承继困境太常见了。就像接力赛中接力棒的传递一样，领导权的转移必须有充分的计划以及完美的执行。成功与否取决于在两人都以最高速度奔跑的同时，领导者如何把接力棒交给下一个领导者。作家洛林·伍尔夫（Lorin Woolfe）说：“对一个领导者来说，最终的考验不是他是否做出明智的决定并采取果断的行动，而是他是否教会他人成为领导者，他的组织能否在其离开之后延续成功。”真正的领导者把自我放在一边，努力创造超越自我的接班人。他们计划在自己仍处于巅峰状态时就大踏步地递出领导权的接力棒。如果一位领导者已经开始放慢脚步，再进行接力棒交接就太晚了。任何领导者都不应该为了一己的满足而停留太久，从而损害组织的发展动势。由第五层级领导者领导的组织面对的首要问题是领导者停留的时间太长。所以，如果你是一个管理组织的第五层级领导者，那么在你觉得不得不走之前，就要为继任做好计划。

6. 留下积极的遗产

有人曾经问比利·格雷厄姆，人生中最令人惊讶的事情是什么。他回答：“白驹过隙的短暂。”现在我已经六十多岁了，我不得不同意他的看法。当你年轻的时候，你迫不及待地想在生活中有所成就——想要获得成功，爬上阶梯，产生影响。如果你是A型人格，你的行动十分迅速，你尽全力征服更多领土。但随着年龄的增长，你认识到生活中还有比成功更多的东西。你想有所作为。如果你开始思考得足够早，你将有机会留下积极的遗产。这就是我想要做的。我希望你也这样做。

如果你想要在生命结束时不后悔，关键之一是努力创造持久的传承。如果你是一名第五层级领导者，我想鼓励你利用现有的影响力创造一个更美好的世界。怎样做？首先，你要认识到随着时间的推移，你每天所做的事情会成为你遗留的财富。无论是每天与家人共度美好的时光，每月的储蓄和投资，还是每天对他人说的友善和鼓励的话，这些都会产生积极的影响。

> 有人曾经问比利·格雷厄姆，人生中最令人惊讶的事情是什么。他回答：“白驹过隙的短暂。”

其次，现在就决定你想要留下什么样的传承。你想怎样被人记忆？你希望人们在你的葬礼上对你说些什么？你是否明确知道自己想要留下怎样的积极影响？你知道你可以培养哪些潜在的领导者来帮助你实现它吗？

最后，要明白传承是你一生的总和，而不仅仅是片段。如果你失败了，那没关系。你的生活是否不太理想？那就把它抛

样？因为时机受到太多无形因素的影响。通常，我们只能依靠直觉来决定时机，这很难解释清楚。人们倾向于听取确凿的事实，他们尊重能够表述事实的观点。直觉没有那么重要——除非你有证据来支持其可靠性。

第五层级领导者有着丰富的经验和良好的信誉，所以当涉及时机问题时，其他人会听从他们的直觉。如果你还没有达到第五层级，那么要意识到，在时机方面，其他人可能不相信你的建议。但不要绝望。遵从你的直觉，记录什么时候直觉是正确的，什么时候直觉是错误的，并留下能够为你带来理想的可信度的证据。

4. 传承法则：一个领导者的长期价值由其继承者决定

我已经讨论了在第五层级上传承的重要性，所以我不需要在这里说太多。请思考这样一个观点：人生的目标不是永生。人生的目标是创造永存的事物。作为一名第五层级领导者，最好的方法就是将你所拥有的事物投资于他人的生活。

> 人生的目标不是永生。人生的目标是创造永存的事物。

5. 爆炸性增长法则：培养追随者，得到相加的效果；培养领导者，得到倍增的效果

每次你把一个潜在的领导者提升到第四层级，你就会使你的组织变得更好，并增加其潜能。为什么会这样？因为……

如果你培养了一个追随者，你就会获得一个追随者。

如果你培养了一个领导者，你就会获得一个领导者和他所有的追随者。

如果你培养了一个第四层级领导者，你就会获得一个创造其他领导者的领导者，你会获得所有领导者和他们领导的所有追随者。

正因如此，第五层级领导者才变得无比强大，组织才拥有了无限的潜能！

● ● ●

帮助他人从第四层级提升到第五层级

【为培养的领导者创造磨难时刻】

在本书前几部分的对应模块中，我讨论了帮助你提升到下一个领导力层级的信念。然而，在你到达巅峰之后，就没有更高的领导力层级了。那么我在这一节要做什么呢？我将教你如何帮助他人提升领导力水平。在你达到第五层级后，你的注意力不应该放在提升自己上，而应该集中于如何帮助别人尽可能地提升自我。

学习如何领导的秘诀是什么？去领导他人。这就像说你要通过开车来学习开车，通过烹饪来学习烹饪。这都是事实。小说家马克·吐温曾经冷淡地说："我认识一个抓着猫尾巴的人，他对猫的了解比不抓猫的人多40%。"这听起来像是两难境地，像是一句古老的哀叹：没有经验就找不到工作，而没有工作就得不到经验。这就是你的起点。

作为一名导师，你可以给没有经验的领导者提供领导经验，让他们变得更好。一点经验比一大堆理论都更加深入。你可能听说过这样一句谚语："当一个有钱人遇到一个有经验的人时，有经验的人通常会得到钱，有钱的人会得到经验。"

作为一个有经验的领导者，你可以识别潜在的领导者，确定他们需要什么样的经验，并为他们提供一个可控的环境，在这种环境中，失败和失误不会导致他们直接出局。

你能否确定哪些经历给你上了宝贵的领导力课程，对你个人以及领导者形象产生了塑造作用？我当然可以。这些都是磨难时刻。当我在写《领导力 21 法则》时，我惊讶地发现自己能记住导致我牢记每一条法则的具体经历。例如，在 1970 年，我在现实中成功实践了制胜法则，带领组织实现了一个几乎所有人都认为不可能实现的目标。在我 40 岁生日的时候，当我不得不承认我并没有像我希望的那样成功时，我明白了朋友圈法则。如果想实现我想要的一切，我需要发展一个由其他领导者组成的朋友圈，与我一起工作。

你生命中的关键事件塑造了你，这些事件就是磨难时刻。它们为你创造了突破。无论好坏，你的领导经历都使你成为今天的领导者。同样的道理也适用于你领导和培养的人。为什么不在他人受你照顾的时候，尽可能多地帮助他们经历积极的突破呢？

我最近在《麻省理工斯隆管理评论》(*MIT Sloan Management Review*）上读到罗伯特·托马斯（Robert J. Thomas）的一篇文章，证实了我对领导力发展的看法。托马斯认为，善于培养领导者的组织把磨难时刻作为"一种超集中的领导力培养形式"。他写道：

> 磨难时刻可能发生在工作期间和工作之余。有些表现

为剧变——家庭成员离世、离婚或失业。还有一些是某种暂停状态，如在研究生院、新兵训练营、失业期间所经历的中间阶段。第三种形式是新领域的磨难，在这种情境中，个人被推上一个新的社会角色，或被要求到一个陌生的国家接受海外派遣。[②]

托马斯还指出，丰田、波音、通用电气和麻省理工学院在领导力培养方面也采取了体验式方法，尽管这些方式不那么引人注目。

如果你想在第五层级上发挥最大的影响力，那么你需要创造磨难时刻，让你的组织里最好的领导者发挥他们的领导潜能。我建议你采取以下方式。

1. 确定并开展必须学习的关键领导力课程

首先要确定任何一个优秀领导者都必须具备的基本素质和技能。这将是你介绍关键经验与测试潜在领导者的蓝图。以下是我在 40 岁生日后制作的一份清单，当时的我意识到我需要致力于发展我的核心领导圈：

正直	问题解决能力
愿景	交流能力
影响力	创造力
激情	团队合作
服务精神	态度
信心	自律

在我确定这份清单之后，我就开始寻找机会，让领导者在这些领域汲取经验教训。例如，每当组织中出现问题时，我并不是自己出面。相反，我派一位我正在培养的领导者去尝试解决这个问题。之后，我们将讨论他是如何解决问题的，以及他学到了什么。为了帮助他们提高沟通能力，当领导者做好准备，我会给他们一个发言的机会：面对各个团体，面对其他领导者，或者面对整个组织。之后，我们会讨论什么是错误的，什么是正确的，以及他们下次可以做些什么来改进。如果我想帮助他们发展影响力，提高团队合作能力，我会要求他们为某个活动或计划招募一组志愿者，并与该团队合作以完成任务。我想你已经明白了其中的原理。当你领导一个组织时，你不能只专注于实现愿景或完成工作。每一个挑战、问题、机会或倡议都为你提供了一个机会，使你帮助潜在领导者获得能够改变他们的领导力发展的经验。你应当试着每天都以这种方式思考。

2. 寻找可以让人从中学习的意外磨难时刻

人们不会因为我们希望他们学习就去学习。第五层级领导者明白，适于教学的时刻往往是随着他们生活中的“杠杆”出现的。当人们遇到以下情况时，他们的生活会发生改变：

> 太过痛苦而不得不改变（痛苦和逆境）；
> 学得足够多而想要改变（教育和经验）；
> 所受支持足够大而能够改变（支持和装备）。

明智的领导者会寻找这三类机会。其中有些是可以创造的，但许多只是自然发生。好的领导者通过分享经验、提出恰当的问题，帮助他们所指导的人向他们学习并充分发挥其潜能。

例如，当人们描述他们生活中的损失时，我所做的不仅仅是同情他们。我请他们告诉我他们从中学到了什么。只有这样，人们才能把损失变成收获。损失越大，潜在的教训和磨炼领导力的机会就越多。我们经历的事物远远多于我们能够理解的事物。作为一名第五层级领导者，你的工作是帮助你正在培养的高水平人才理解他们的经历，并从中找到价值。

3. 用自己的磨难时刻来指导他人

每一位领导者都需要把自己的艰难经历和突破作为素材，帮助下一代领导者更好地领导。要做到这一点，你必须回顾这些经验并且明确你从中得到了什么教训。让你突破生活中领导力限制的经验和教训，很有可能也将帮助其他人突破他们的禁锢。

> 让你突破生活中领导力限制的经验和教训很有可能也将帮助其他人突破他们的禁锢。

我的建议是，你应该留出时间，用笔和纸（或电脑）来记录自己的艰难时刻，然后弄清楚它们可能以怎样的方式帮到你正在培养的人。以下是我用来分析自己领导经历的几个类型。

开辟新路（Ground Breakers）

这些经历鼓励他人开始培养领导素质或纪律。例如，曾有人要求我清晰地说出用于成长的具体的发展计划。当时的我做不到，但我承诺会制订个人成长计划，并每天遵循这个计划。

打破僵局（Ice Breakers）

这些经历帮助领导者在经历了一段停滞期后继续前进。例如，在 1980 年我做了一个艰难的决定，离开了我此前整个职业生涯所处的组织，到另一家组织工作，我相信新组织将为我提供更多发挥潜能的机会。

拨开云雾（Cloud Breakers）

这些经历提升了领导者的境界，使他们能够看到事情的本质。作为一个小教堂的牧师，我去拜访大教堂并采访他们的领袖。这让我在自己有限的经验之外观察到了一个更广阔的世界。

斩断关系（Tie Breakers）

这些经历使领导者能够做出决定，从而决定他们的领导方向。1995 年，我离开了一个由我成功领导的组织，这样我就可以创办并领导一家自己的公司——它将拥有无限的潜能。

令人心碎（Heart Breakers）

这些经历使领导者停下来评估自己的位置和所做的事情。我在 1998 年心脏病发作，这改变了我对生活、家庭、工作和领导的全部看法。我把注意力转向了我的健康，我开始规划如何有目的地度过每一天。

打破纪录（Record Breakers）

这些经历令人振奋，因为它们让领导者打破了其领导力的“盖子”。尽管我们在设定目标时认为这几乎不可能实现，但当

EQUIP 达到培养百万领导者的目标时，我意识到：如果我们一起工作，我和团队的能力超过我们的想象。

反思并列出你的重大突破经历是为了与其他潜在领导者分享。为什么教练会让曾经的成功球员回到球队，讲述过去胜利的故事？为什么公司要提拔过去建立组织的领导者，让他们成为超越工作年限的传奇人物？为什么我们要向历史上的伟大领袖学习？就这点而言，为什么我要分享这么多自己的故事呢？领导者之所以这样做，是因为他们希望这些故事能激励下一代领导者发挥其潜能。

我鼓励你将突破性故事讲述给你希望培养的领导者。同时，我必须警告你：当你给别人讲故事时，有些人会说你傲慢或唯我独尊。不要因此而退缩。据我所知，没有比这更好的向他人传达重要事实的方式了。自从人类在地球上出现以来，人们就一直在用故事传授生活的经验。给你着力培养的人讲述你的故事，帮助他们成为下一代领导者。

4. 让领导者接触会影响他们的人和组织

我发现，向成长中的领导者传授领导素质和技能的最好方法之一就是让他们与优秀的领导者会面。提出问题并寻找发展某种品质的方法是一种很好的成长方式。第一，他们必须关注好的领导者和领导良好的组织，这使他们开始获得领导意识。第二，他们必须主动（有时通过说服）获得会面机会。第三，他们必须为会面做准备，这会让他们更深入地对领导力进行思考。第四，会面本身让他们置身于另一位领导者的世界，让他们接触到另一种有助于他们成长的文化。第五，他们要分析这次会面并与给他们布置任务的人讨论，这有助于使课程具体化，如果他们被要求实施和训练所学知识，那么学习效果就更加显著。很多时候，在我安排发展中的领导者与他人会面后，他们回来后会说："直到我亲眼目睹他们的生活，我才知道我的这种领导力特质还不够突出。我还有很长的路要走。"

我从父亲梅尔文·麦克斯韦尔（Melvin Maxwell）那里学到了与伟大领导者和接受良好领导的组织拥有共同经历的价值有多高。我七年级时，爸爸把我介绍给诺曼·文森特·皮尔（Norman Vincent Peale）。皮尔博士是一位态度积极的优秀沟通者。他保持积极的态度，给我留下了深刻的印象。我上高中时，爸爸还把我介绍给斯坦利·琼斯（E. Stanley Jones）。这位基督教信仰的巨擘是一位传教士、作家和复兴运动的创始人。这些由我父亲推动而获得的经历给年轻的我带来了深刻影响。

无论是在家庭中还是在我的组织中，我都试图以类似的方式学习我的父亲。例如，当我的儿子乔尔（Joel）16岁时，玛格丽特和我安排他去印度见特蕾莎修女。乔尔最珍贵的财产是他们俩在一起的照片。在20世纪90年代，当我的教会需要扩大视野以迎接挑战、实现发展时，我带着100名领袖去了韩国，参观了当时世界上最大的教会。这改变了他们的整个视角。

第五层级领导者可以接触到新兴领导者无法接触到的领导者、组织、机会和经验。你应当为了新兴领导者的发展充分利用这些资源。即使你还没有达到巅峰层级，你也拥有发展中的领导者所不具备的权限。与他们分享这一切。你可以带给影响他们余生的经历，这些经历可能会在之后几代员工中泛起余波。不要浪费这个机会。

作为巅峰层级的领导者，你永远不知道每次你培养出一个第四层级领导者会产生多大的影响。听听这个故事。在古希腊，有一位名叫苏格拉底的领袖。你自然听说过他。你可能会惊讶地发现，尽管苏格拉底是一位至今仍有影响力的重要哲学家，但他从未写过任何东西。然而，他指导的其中一个人做到了，那个领袖的名字叫柏拉图。与他的导师不同，柏拉图建立了自己的学院，在那里他教授和指导其他领导者与思想家。这些人中有一位年轻的领导者名叫亚里士多德，他或许是古希腊所有思想家和哲学家中最有影响力的一位。

当亚里士多德还是一个年轻人的时候，马其顿的菲利普国王（Philip）向他寻求帮助，想要为 13 岁的儿子寻找一位家庭教师。这个男孩就是亚历山大（Alexander），他后来成为世界历史上最伟大的将军和统治者之一。我们今天把他称为亚历山大大帝。专家们对亚里士多德指导年轻的亚历山大的时长持不同意见，一些人说只有一年，另一些人说长达八年。但很明显，亚里士多德对这位名叫亚历山大的年轻学生产生了深远的影响。

据说亚历山大曾经问亚里士多德："一个是多少？"这个问题很简单，但这个男孩不是傻瓜，所以亚里士多德认真思考他应该如何回答。他应该从哲学的角度回答，还是从数学角度、神学角度、戏剧角度？

"我明天给你一个答案。"老师回答。

第二天，亚里士多德给出了他的答案："一个可以是很多。"换言之，一个人可以产生巨大的影响，当他是领导者时更是如此！而对亚历山大而言，他一个人确实产生了巨大的影响。亚历山大在 30 岁以前就征服了西方世界。

每当你培养出一个领导者，你就在世界上做出了改变。如果你培养出的领导者能够汲取所学的知识，并将其用于培养其他领导者，你所产生的影响以及这种影响持续的时长将是无穷无尽的。

• • •

第五层级最佳行动指南

当你回顾与领导力巅峰层级相关的优势、劣势、最佳行为和信念时，请使用以下指导方针帮助你作为领导者成长，并培养其他人成为第四层级领导者。

保持谦逊与受教之心

达到第五层级最大的内部危险是认为你已经到达终点，认为你有了所有问题的答案。这可能会导致一种傲慢，有可能使你和你的组织脱轨。想要防止这种情况发生，最好的办法是保持受教之心。为了培养和保持这种态度，请做三件事：

- 写下你每天都要遵循的学习信条，写清楚你为了保持受教之心而采取的态度和行动。
- 找到一个或多个领导力优于你的人，定期与他们会面并学习。
- 致力于你认为值得花时间，也会给你带来巨大挑战并让你保持谦卑的爱好、任务或体育活动。

这三项活动应该能帮你记住你还没到达终点，你还有很多东西要学习。

保持你的核心关注点

如果你已经达到了领导力的巅峰层级，你就拥有了一套助你获得成功的基本技能，即你的最佳位置或优势区。不要让自己的注意力被分散，专注于利用这个区域。确定核心优势并制订计划，在未来几年充分利用这一优势。

创建合适的朋友圈以保持脚踏实地

所有成功的领导者都需要有朋友圈，其中的人们会与领导者一起工作、共同实现愿景，帮助领导者享受旅程，并让他们脚踏实地。谁将在你的生活中扮演这样的角色？找出这些人并邀请他们加入你的生活和领导力圈子。我的朋友圈已经成为我生活的快乐源泉之一。以下是我要求他们做的：

- 无条件地爱我；
- 根据我的价值观来代表我；
- 保护我；
- 弥补我的不足；
- 不断成长；
- 出色地履行职责；
- 对我诚实；
- 对我讲我应当听到的话，而不是我想听的话；
- 帮助分担重量，而不是成为累赘；
- 以团队形式合作；
- 为我增加价值；
- 与我一起享受旅程。

我的核心圈子给了我这些东西。作为回报，我给他们我的忠诚、爱和保护；我在经济上奖励他们；我培养他们的领导力；我给他们提供机会；我分享我的祝福。

做只有你才能做到的事

总有一些事情是只有高层领导才能为组织、部门或团队完成的。你能做的是什么？你有没有花时间认真思考过这个问题？如果没有，现在就考虑。确保把它们放在优先考虑的位置。

创造一个超能的领导力发展环境

创建第五层级组织最重要的因素之一是，开发和维护不断培养领导者的环境。如果你是组织的领导者，你必须承担这样的责任——制定创造这种环境的战略，并促进组织各级的领导力发展。一定要放手让你最优秀的领导者花时间培养其他人。这不是额外负担，这必须是他们核心责任的一部分。

在顶部腾出空间

看看你的组织结构图。对想要攀升的有天赋的领导者而言，是否有发展空间，看看那些接近顶部的领导者。他们的能力是什么？他们在组织中工作多久了？他们可能会待多久？他们的地位是否过于牢固，以致在组织中低于他们的才华横溢的领导者几乎没有前进的希望？如果没有空缺，而且领导者没有离开的打算，那么高层就没有空间容纳潜在的领导者。你怎么才能创造发展空间？你能给你现有的高层领导带来什么新的挑战，让他们把自己的职位开放给其他人？你的组织可以进行什么样的扩展或采取什么行动，使其需要额外的领导者？如果你不在高层为发展中的领导者腾出空间，你将浪费大量的潜在动力，最终会失去后起之秀。

培养顶层领导者

第五层级领导者需要致力于培养组织中的顶层领导者。你要关注任何一个和你有同样（甚至更好）领导潜能的人，并进行一对一的指导。从最优秀的开始。如果你没有每周都抽出时间与这些领导者一起工作，那么从今天就开始这样做。确保执行以下操作，利用磨难时刻来培养他们：

- 明确所有优秀领导者需要学习的课程；
- 找到教授这些课程的方法；
- 通过分享自己的磨难时刻开始教学；
- 让他们接触对他们有积极影响的人；
- 充分利用意外的磨难时刻。

为你的继任者做好规划

正如我已经提到的，彼得·德鲁克促使我思考公司的继任者问题。在他问起这件事之前，我真的没怎么考虑过这个问题。那你呢？你有没有想过，如果你不再担任领导职务，谁会接替你的领导岗位？如果你已经培养了很多第四层级领导者，那么就开始关注那些最有潜力接替你的人。如果你还没有培养高水平的领导者，那就从这一步开始吧——帮助你的第三层级领导者提升到第四层级。

为你的遗产做计划

据说阿尔弗雷德·诺贝尔（Alfred Nobel）读过自己的讣告，这篇讣告因为某些错误而刊登在了报纸上。这促使他将注意力从制造炸药转向奖励那些推动和平与发展的科学家和政治家。他认识到他想在在世时创造一种积极的遗产。你想留下什么遗产？你的领导工作和职业生涯的最终结果是什么？不要等着让别人来决定你的生活代表着什么。在你仍然能够影响结果的时候确定你的遗产，并开始做任何必须做的事情来实现传承。

将你的领导力成就作为实现更大目标的平台

如果你是一位顶尖的领导者，那么人们会在你的组织和行业之外尊重你，你的声誉会给你带来很高的可信度。你将如何使用它？你有什么机会为比你自己更伟大的事业做出贡献？考虑一下，然后利用你的能力为你直接影响范围之外的人谋利。

• • •

第五层级领导者的肖像

【约翰·伍登教练】

我最喜欢的一次生日是在2003年2月20日，那天我与我的一位偶像会面并共进午餐。他叫约翰·伍登，不是将军、政治家或电影明星，而是世界上最成功、最著名的大学篮球教练。他教年轻人打篮球，更重要的是教他们如何过上成功的生活。

他是一位货真价实的第五层级领导者。

我对约翰·伍登的钦佩和尊敬始于童年。你瞧，篮球是我的初恋。我永远不会忘记四年级的那一天，我参加了一场高中校园篮球赛。这使我着迷。在接下来的十几年里，我几乎每天都打篮球。我是这项运动的超级粉丝，因此我知道伍登。我怎么会不知道他！在加州大学洛杉矶分校布鲁因分校（UCLA Bruins）任职期间，伍登在 27 个赛季中赢得 620 场比赛。在他最后的 12 个赛季中，他的球队赢得了 10 次全国大学生体育协会（NCAA）冠军，其中 1967 年至 1973 年 7 次蝉联冠军。他的球队曾创下连赢 88 场比赛的纪录。他们有过 4 个完美的赛季。[3]他们还在 NCAA 锦标赛中连续赢得 38 场比赛，并在保利馆（Pauley Pavilion）取得创纪录的 98 场主场胜利。约翰·伍登 在 1964 年、1967 年、1969 年、1970 年、1971 年、1972 年和 1973 年被提名为 NCAA 大学篮球年度最佳教练。1967 年，他被评为亨利·艾巴奖（Henry Iba Award）美国篮球作家协会（USBWA）年度大学篮球教练。1972 年，他获得了《体育画报》（*Sports Illustrated*）杂志的年度最佳运动员奖。1973 年，他以教练的身份入选篮球名人堂，成为第一位同时获得球员和教练双重荣誉的人。[4]当我有机会见到他本人时，我激动不已。我钦佩这个人将近 40 年了！你多久能有一次机会见到你心中最伟大的偶像之一？而在我生日那天发生的事情让这次经历更加美好。

1. 和教练度过的一天

我和伍登教练共同度过的一天从他最喜欢的餐馆开始。午饭后的 30 分钟，我们聊天并熟悉起来。教练很亲切而且很好沟通。不久，我打开随身携带的笔记本，问道："伍登先生，您介意我问您一些问题吗？"我花了几个小时为这次见面做准备，因为我想向他学习很多东西。他亲切地同意回答我的问题，之后，他耐心地解答了3个小时——从餐厅开始，到附近的家里结束。

约翰·伍登不仅仅是一名教师和教练，还是一位朴素的哲学家——已有数十本书记录了他的思想和理论，但是阅读关于他的报道、知道他的名言与听他本人讲述存在着天壤之别。教练散发出一种内在的尊严，使我发自内心地感到尊敬和谦卑。他在生活中所表现出的非凡品质使他的言辞更加睿智。我不仅见到了教练，而且感受到了他的品格。

当教练讲话时，我仔细地写下了笔记。他的想法对我来说十分可靠，因为我能感觉到他对我的关心和帮助我的愿望。他说的每一句话都充满了正直、尊重和善良。正是由于他几十年来坚守自己的原则生活，他才能拥有如此智慧。更令人惊奇的是，他所做的一切似乎都是轻而易举的。

在我们的谈话过程中，伍登教练向我展示了一张对他很重要的卡片。他说这是12岁时父亲给他的。（那应该是在1922年！）教练说他每天都读这张卡片，总是尽自己最大的努力去实践它。卡片上写着：

充分发挥自己的潜能

做真实的自己。

让每一天都成为你的杰作。

帮助别人。

从好书中汲取营养。

让友谊成为一门艺术。

未雨绸缪。

每天祷告祈求指引并感谢祝福。

我相信认识他的人都会同意他的确遵从了父亲的建议，而他的努力对许多人的生活产生了非凡的影响。那天，当我离开约翰·伍登的时候，我意识到我遇到了一个非凡的人——一个真正的第五层级领导者。

我很幸运有机会见到约翰·伍登。更幸运的是，在接下来的七年里，我有幸又与他见了几次面，并继续向他学习。尽管尚未接触时教练就给我留下了深刻印象，但近距离接触后，我更加敬仰他。事实上，在我教授五层级领导力时，有人曾要求举一个第五层级领导者的例子，而约翰·伍登是我最常谈及的人，因为我认为通过研究他的生活，任何人都可以学到伟大的领导力经验。作为本书的结尾，我想向大家展示约翰·伍登的一生如何展现了五层级领导力。

2. 第一层级职位：下属不得不跟随你

约翰·伍登执教篮球 30 年。和所有领导者一样，他从获得领导职位起步，并有机会充分利用这一职位。许多教练非常依赖自己的职权。他们的态度是：我是教练，你是球员；你要按我说的去做。这并不总是最好的方法，但也有适用的时候。伍登教练在需要的时候会使用他的职权，尽管他采用的方式比较委婉。

例如，伍登教练的训练时间不长，但他要求每个球员每次训练时都要全神贯注。如果一个球员注意力分散并开始放松，教练就会把他赶出训练场。

伍登教练曾经告诉我，替补席最能帮助教练让球员发挥出最好的水平。如果球员没有按照他所说的方式比赛，伍登会利用他作为教练的职权让他们坐在替补席上，不允许他们参加比赛。这件事曾发生在西德尼·威克斯（Sidney Wicks）身上，他是 UCLA 一名非常有天赋的篮球运动员。从西德尼加入球队、进行训练的第一天起，每个人都知道他是队里最有天赋的球员。然而，他参加这个项目的态度也非常自我。他想按照自己的方式比赛，而不是按照伍登教练的要求去做。

教练说西德尼在球队的第一年在替补席上坐了很久。这让西德尼很沮丧，因为他本以为自己会有更多上场打球的机会。教练告诉我，当西德尼说："为什么我不能打更多场比赛呢？你知道我是队里最好的球员！"教练会回答："是的，西德尼，你是队里最好的球员，但是当你在场上时，球队没有发挥出最好的水平。"

担任球队的教练给了伍登职权，对于像西德尼这样的人，他必须使用他的职权，至少在一开始是这样。当需要时，教练会毫不犹豫地使用他的职权。但是像所有伟大的领袖一样，他认识到职位领导力的局限性，并尽一切努力提高自己对球员的影响力。职位可能使一个球员服从，但不能使一个队伍夺冠。为了让团队表现更好，教练知道他必须在更高的领导力层级中发挥影响力，而他也确实做到了。

职位可能使一个球员服从，但不能使一个队伍夺冠。

3. 第二层级认同：下属想要追随你

约翰·伍登的偶像之一是特蕾莎修女。他经常引用她的话：

> 不为别人而活的人生就不是真正的人生。

“不为别人而活的人生就不是真正的人生。”教练也实践了这句话。他与球员建立了牢固的关系，他总是做有益于他们的事。例如，在二战期间于美国海军服役之后，伍登在1974年于印第安纳州得到了第一份大学篮球教练的工作。第一年，他的篮球队赢得了印第安纳大学联盟（Indiana Collegiate Conference）冠军。因此，他们收到了堪萨斯城全国大学生篮球协会（NAIB）全国锦标赛的邀请。但伍登拒绝了邀请。为什么会这样？在那时，NAIB有一项政策，禁止非裔美国人参加锦标赛，而教练不愿意将他的黑人球员克拉伦斯·沃克（Clarence Walker）排除在外。然而，第二年，当教练再次带领印第安纳州获得联赛冠军时，他接受了锦标赛邀请，因为他知道该组织已经改变了禁止非裔美国球员参赛的政策。伍登带领他的球队进入了锦标赛决赛，球队在决赛中输给了路易斯维尔（Louisville），这是他的教练职业生涯中球队输掉的唯一一场冠军赛。克拉伦斯·沃克成为第一位参加季后赛比赛的非洲裔美国球员。⑤

在漫长的职业生涯中，教练与所有球员的关系都很特别。在他的教练生涯结束后，他与曾经在球场上带领过的球员保持着密切的联系。每次我去拜访他，我们的谈话都会被他的某位前球员的电话打断，球员往往会询问他的近况。每次我们一起坐车时，他都会要求在邮局停下来，这样他就可以把回信寄给那些给他写信或请求签名的人们。他不止一次告诉我：“作为一个领导者，如果你听别人的，那么他们就会听你的。”他明白领导者要先会倾听、学习，然后才能领导。

约翰·伍登教练去世后，我于2010年6月26日在加州大学洛杉矶分校的保利馆参加了他的追悼会。他的牧师达德利·卢瑟福（Dudley Rutherford）说：

> 在他生命的最后一周，我问教练："你还记得你签的那些签名吗？"他说："是的。"（那时我们不知道他还有多少时间。）我说："教练，所有的人现在都在为你祈祷。由于你给予的所有爱、你表现出的善意，所有的人此刻都在为你祈祷。"他笑了。教练今天会为他受到的关注感到谦卑，但我们并无选择，不是吗？因为我们今天不得不聚集在这里赞美他的一生。我在想，教练总是慷慨地打招呼，并留下他的签名……他给出了那么多签名。今天我想知道：你们中有多少人，在你们的物品中、房子里、家里，有他签名送给你们的东西？如果你们有教练签名的东西，请举手。

当成千上万的人举起手时，我环视了一下会场。我估计有80% 的观众举手了。这反映了教练的善良，以及他希望让他人感到自己是特别的。

教练让我感到自己很特别。当他让我为他的书《人生策略》（*A Game Plan for Life*）写一篇序言时，我感到特别荣幸。这是怎样的殊荣！这是我为为我付出这么多的人做点什么的机会。同样，当教练提出为我的下一本书《学习的力量》（*Sometimes You Win, Sometimes You Learn*）写一篇序言时，我也很高兴。这也是教练在他的合著者唐·耶格尔（Don Yeager）的帮助下，在去世前完成的最后作品之一。

伍登教练很有个人魅力。每次我去拜访他，在我们道别后，我都会从他的公寓乘电梯下来，走到外面的访客停车场。当我走到我的车旁时，我转过身朝他的阳台望去。教练会在那里看着我离开，向我挥手告别。这将永远是我对他最美好的记忆——他像任何一位优秀的第二层级领导者那样，热情地与他人建立联系。

4. 第三层级业绩：下属因为你为组织做的事情而追随你

第三层级的领导者拥有良好的业绩，约翰·伍登自然也是如此。作为球员和教练，他都是赢家。他在父亲亲手打造的篮筐上学会了投篮。他带领高中篮球队参加了三年印第安纳州锦标赛，获得了一次冠军。他在普渡大学（Purdue）三次被评为全美最佳，带领他的队伍赢得了两项十大冠军和一项全国冠军。早在他成为教练之前，他就以球员的身份进入了奈史密斯篮球名人纪念堂（Naismith Memorial Hall of Fame）。

教练是一位伟大的运动员，从事过多项运动。他作为一名运动员赢得了篮球冠军，但他个人最伟大的运动成就可能出现在高尔夫球场上。能够在同一轮高尔夫比赛中同时击出一个双鹰球和一杆进洞的仅有四个人，《高尔夫文摘》（*Golf Digest*）将约翰·伍登列为四人之一。他的这一壮举是在 1947 年印第安纳州南本德乡村俱乐部（South Bend Country Club）完成的。

在职业生涯之初，伍登曾是一名高中教练兼英语教师。在执教篮球的第一年，他的球队有过一次失利记录。这很重要，因为这是他整个执教生涯中唯一一次失利记录！在他执教高中球队的 11 年中，他的记录是 218 胜 42 负。⑥

在执教 1947—1948 赛季后，伍登成为 UCLA 的总教练。他最初想在明尼苏达大学执教，因为他和妻子内尔（Nell）想留在中西部。而金地鼠队（明尼苏达大学篮球队）实际上给出了这个职位，但是在接受 UCLA 的工作之后，伍登才得知这一消息。由于已经向 UCLA 做出了承诺，他拒绝了明尼苏达州的工作机会。

伍登教练在一个赛季内改变了 UCLA 的篮球项目。在他到来之前，球队经历了一个失败的赛季。他担任 UCLA 教练的第一年，球队就赢得了太平洋海岸会议的南分区冠军（PCC），战绩 22 胜 7 负。这是 UCLA 自 1919 年发展篮球项目以来一个赛季内胜利场数最多的一次。⑦伍登职业生涯的其余部分已成为传奇。职业生涯战绩为 885 胜 203 负（获胜百分比 0.813）。10 届全国锦标赛冠军。4 个不败赛季。7 次被评为 NCAA 年度最佳教练。⑧2009 年，他被《体育新闻》（*Sporting News*）评为所有体育运动史上最伟大的教练。⑨

作为一名领导者，他的职业生涯成就如此卓著。我想知道他最怀念做教练时的什么事情，而他的回答让我惊讶："我最怀念的是练习，而不是比赛。"他解释道："我想赢得我参加过或执教过的每一场比赛。但是，我明白最终的输赢可能不在我的掌控之中。我能掌控的就是我如何为自己和我们的团队做好准备。我以此来评估我的成功、我的'胜利'。这才更有意义。"教练总结道："赢得比赛、胜利和冠军并不像人们说的那么美好，但实现这一目标的旅程则比人们描述的美好得多。"这是一个伟大的领导者的伟大视角，他总是在第三层级上创造高业绩。

5. 第四层级育人：人们因为你为他们做的事情而追随你

伍登教练说："成功是心灵的平静，因为你知道自己已经尽力发挥所有潜能，这会为你带来满足感。"这就是第四层级领导者对自己和所领导的人的期望——发挥潜能。

和我研究过的任何一位领导者一样，教练选择了他能找到

> 成功是心灵的平静，因为你知道自己已经尽力发挥所有潜能，这会为你带来满足感。

的最有才华的人，然后培养他们，使其充分发挥潜能。他所在的UCLA球队的球员名单是伟大球员的名人录。然而，比起球员们在篮球场上的成就，教练更为球员们在生活中的成就感到自豪。当他谈到那些在教育、政府、宗教和商业领域履行领导职责的人们时，他的眼睛会亮起来。他们就是他培养出来的人。他的球员们一次又一次地说，教练的愿望是用篮球来教他们如何生活和领导，而不是赢得冠军。

伍登教练如何在第四层级取得如此有效的成绩？以下是我的看法。

他成功地分析和挑选球员

教练不仅仅挑选篮球打得好的球员，他选择的标准还要求球员是好队员、好学生和好公民。他挑选时着重分析以下四个方面。

- **成绩单。**教练希望团队中有好学生。他相信球员进入大学的首要目标是接受良好的教育，而不是打篮球。他寻找并找到了真正的学生运动员。
- **家庭生活。**教练经常说，一个人的头等大事应该是家庭、信仰和朋友。至于为什么把家庭置于信仰的前面，他会眨着眼睛说："上帝会理解的。"我想他的意思是，你可以通过观察人们对待家人的方式了解他们的性格。例如，他告诉我在一次招生之旅上，他和一名助手参观了全美最有前途的高中。教练随身带着奖学金，如果见面顺利的话，他会把奖学金给这个高中里受邀的年轻人。但这并没有发生。在他们见面的时候，这个男孩多次对他的妈妈说了无礼的话。教练没有提供奖学金就离开了。随后，助手表示了他的惊讶。教练回答说："任何不尊重母亲的球员都不会尊重他的教练。"

- **教练们的综合评价。**教练常说："如果你只见到一次某位球员，还不如从未见过他。"为了清楚地了解他感兴趣的球员，他会问五位与这位球员所在球队打过比赛的教练："谁是你今年比赛中遇到的最好的球员？"然后他还会与该球员的主教练交谈。只有这样，他才会考虑是否给出奖学金邀请。
- **敏捷。**领导者总要考虑什么是团队成员最重要的特质。篮球是一项快速的运动，所以教练选择了敏捷这项运动能力。这就是为什么尽管他的球队每个首发球员都不超过六英尺五英寸（约合196厘米），他们依然能够赢得第一个全国冠军。他的目标是拥有在场上速度最快的球员，这样他们就有了换人的优势。他推断，如果他的球队在一场比赛中比对手少失误五次及以上，他们就有五次额外尝试得分的机会，从而获得五分或六分的优势。这通常决定了比赛的结果。

和所有优秀的领导者一样，伍登教练对他想要的团队成员有清晰的了解。因此，他招募了最好的球员，即那些有潜力发展并赢得冠军的人。

他的教学有助于球员的发展

正如我已经提到过的，没有优秀的球员就不可能赢得比赛。但即使你有优秀的球员，你也可能无法取胜。要想有获胜的机会，你必须培养他们。在这方面，约翰·伍登的水平是世界级的。他的方法非常简单，任何人都可以遵循：

解释——告诉他们你想让他们知道什么和做什么；
演示——向他们展示你想让他们知道和做的事情；
主动——让他们向你展示他们知道要做什么；
校正——要求他们改变错误的做法；
重复——让他们一次又一次地做正确的事情。

只要你全力以赴并且尽力而为，你就会赢。

之后，结果就能证明教学方法的正确性。他常说："如果你准备得很好，你或许会被领先，但你永远不会输。只要你全力以赴并且尽力而为，你就会赢。"

他培养了球员的价值观和品质，帮助他们体验真正的成功

我第一次了解到伍登教练的成功金字塔模型是在 20 世纪 70 年代，当时我还是一位年轻而有抱负的领导者。他在 30 年代中期着手开发这一模型，并于 1948 年完成。[10]就在那时，他开始将这个理论教给他的球员。他通过这样具体的方式教会球员他重视的品质。他的一生都在传授这个概念。

当我在一本杂志上发现这个金字塔时，我把它剪下来，贴在了我的文件柜上，这样我就可以每天查看它。我意识到在金字塔里有我需要接受并拥有的品质和价值观。现在我把它传递给你。

伍登教练认为他所教授的价值观比篮球重要得多。

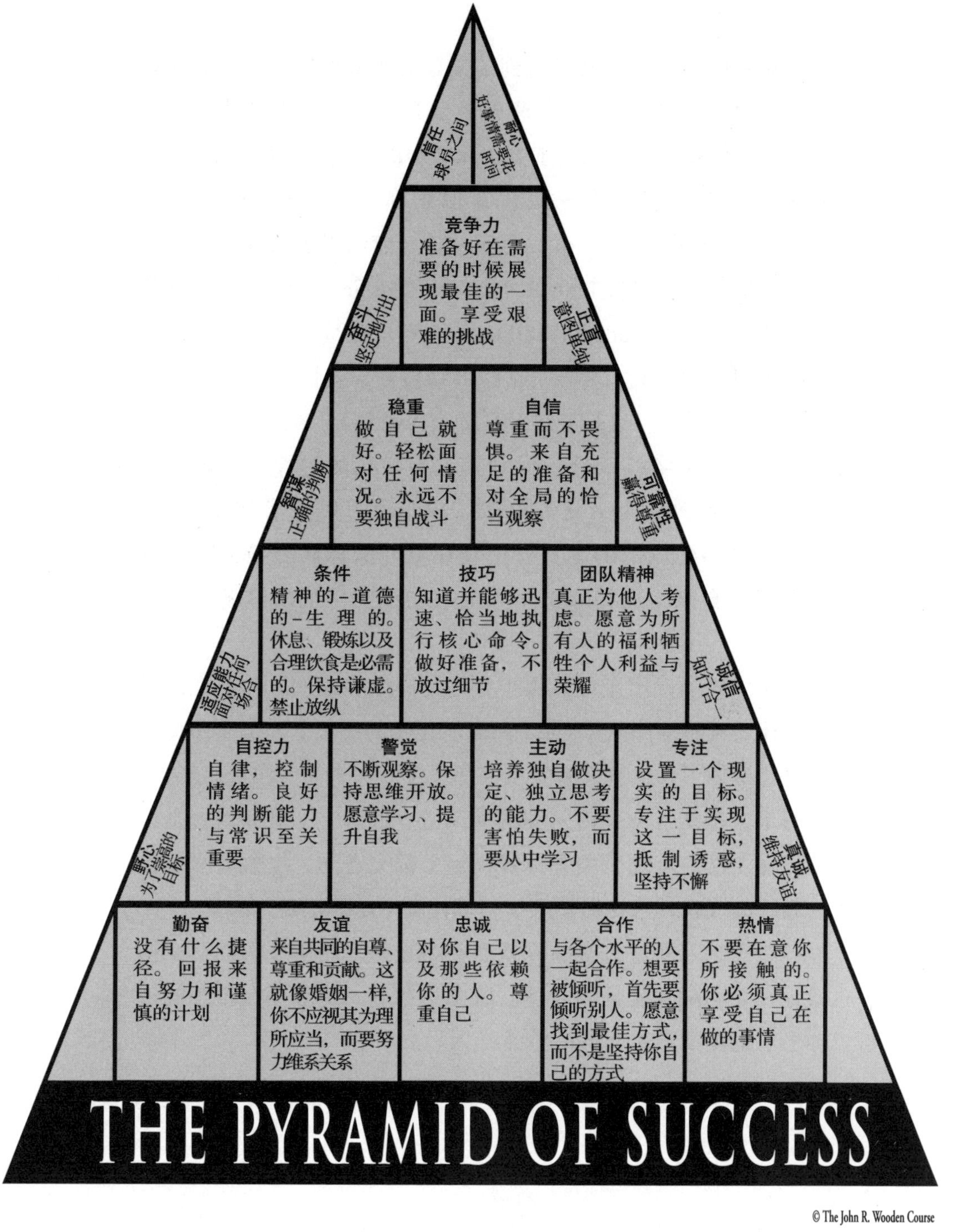

6. 第五层级巅峰：人们因为你本身以及你代表的价值而追随你

我坚信伍登教练已经达到了领导力的巅峰层级。论据随处可得。自 1977 年以来，篮球界最令人垂涎的年度最佳球员奖是约翰·伍登奖。这相当于篮球比赛中的海斯曼奖杯（Heisman Trophy），获奖者在洛杉矶体育俱乐部（Los Angeles Athletic Club）举行的仪式上宣布。两项一年一度的男子篮球赛事——约翰·伍登经典赛（John R. Wooden Classic）和约翰·伍登传统赛（John R. Wooden Tradition）是为了纪念伍登而举行的。2003 年 7 月 23 日，约翰·伍登来到白宫，美国总统为他颁发了总统自由勋章，这是美国最高的公民荣誉。

加州大学洛杉矶分校保利馆为他举行的追悼会可以进一步证明伍登教练多么受人尊敬。成千上万的人参加了仪式，其中有很多他以前的球员。伍登在离开篮球队后最为球员的成就感到自豪，这些球员个人的成功证明了他培养领导者的能力。

在仪式上，聚光灯聚焦于教练的一生和成就。一束光照在他退休后观看棕熊队（The Bruins）比赛的座位上。那个座位现在已经退休了，再也没有人坐在那里了。一束光照在篮球场上，使每个人都能注意到内尔和约翰·伍登的名字，篮球场就是以他们命名的。十面全美锦标赛横幅上都亮着光，提醒大家他作为教练的成就，这在男子大学篮球比赛中是无法复刻的。

然而，除了这么多的成就和奖项之外，用伍登的性格来衡量他领导力的深度最为合适。牧师达德利·卢瑟福在教练的追悼会上也提出了这一点，他说：

我在他的私人葬礼上告诉他的家人，他的伟大不在于他的所作所为，也不在于他教了什么，他的伟大在于他本人——他的性格，他的价值观，他的信念，他的信仰。尽管在他生命的最后几年里，他与一些健康问题做斗争，但他从未有过“骄傲肿瘤”。从来没有医生诊断他患有“自私综合征”。心电图没有显示出自负的痕迹，核磁共振也没有显示出丝毫的偏见。从道德上讲，他的健康状况非常好。在精神上，他是一个谦逊的人，从不把信念强加给任何人，他只是日复一日地信任、前行、生活。

追悼会结束时，参加追悼会的人没有很快离开。他们花了两个小时来纪念一位杰出的领袖，之后他们只想留下来，沉浸在这里的气氛之中。我相信很多人都在想，我想像他那样生活，像他那样离世。我知道我是这么想的。

人们常常在一位领导者去世后才意识到他有多么优秀。他们去参加葬礼或追悼会，惊讶地发现原来还有那么多人曾受到这个人的影响。关于教练，我们始终知道他有多优秀。40年来，球员一直得益于他的领导，球员们离开球场后领导的人们也是如此。还有数百万人在远方观看他带领球队赢得胜利。我希望我能更像他；他是一位奉献者、园丁、老师、教练、领导者和朋友。他聪明、诚实、有原则、自律、谦逊、幽默、勇敢、忠诚。他是一位第五层级领导者。世界需要更多像他一样的人。

注　释

第 1 章　为你的人生制订领导力行动计划

① John C. Maxwell, *The 21 Irrefutable Laws of Leadership: Revised and Updated 10th Anniversary Edition* (Nashville: Thomas Nelson, 2007).

第 3 章　第一层级：职位

① D. Michael Abrashoff, *It's Your Ship* (New York: Warner Books, 2002), 4.
② "Trouble Finding the Perfect Gift for Your Boss—How About a Little Respect?" Ajilon Office, 14 October 2003, http://www.ajilonoffice.com/articles/af_bossday-101403.asp, accessed 25 September 2006.
③ See *Today Matters* (Nashville: Center Street, 2004) for the twelve areas I focus on and the habits I use daily to manage my life.
④ Cartoon copyright © 2010; reprinted courtesy of Bunny Hoest.
⑤ John C. Maxwell, *Leadership Gold* (Nashville: Thomas Nelson, 2008).
⑥ Cartoon copyright © 2001 by Randy Glasbergen.
⑦ "Gallup Study: Engaged Employees Inspire Company Innovation," *Gallup Management Journal,* 12 October 2006, http://gmj.gallup.com/content/24880/Gallup-Study-Engaged-Employees-Inspire-Company-Innovation.aspx; accessed 2 July 2010.
⑧ Marco Nink, "Employee Disengagement Plagues Germany," *Gallup Management Journal,* 9 April 2009, http://gmj.gallup.com/content/117376/Employee-Disengagement-Plagues-Germany.aspx; accessed 2 July 2010.

第 4 章　第二层级：认同

① Janet Lowe, *Jack Welch Speaks: Wit and Wisdom from the World's Greatest Business Leader* (New York: Wiley, 2007), 89.
② Ibid.
③ "Active Listening," U.S. Department of State, http://www.state.gov/m/a/os/65759.htm; accessed 28 July 2010.
④ Martin Kalungu-Banda, *Leading like Madiba: Leadership Lessons from Nelson Mandela* (Cape Town, South Africa: Double Story Books, 2008), 13–15.
⑤ Bill Hybels and Mark Mittelberg, *Becoming a Contagious Christian* (Grand Rapids, MI: Zondervan, 1996), 57.
⑥ Warren Bennis and Burt Nanus, *Leaders: Strategies for Taking Charge* (New York: HarperBusiness, 1997), 52.

⑦ Proverbs 27:6 (NASB).
⑧ Pauline Graham, ed., *Mary Parker Follett: Prophet of Management* (Baltimore: Beard Books, 2003).

第 5 章　第三层级：业绩

① Joel Weldon, "Jobs Don't Have Futures, People Do," *The Unlimited Times* (e-newsletter), http://cmaanet.org/files/shared/CONTROLLABLES.pdf; accessed 19 August 2010.
② Walt Mason, "The Welcome Man," in *It Can Be Done: Poems of Inspiration,* ed. Joseph Morris and St. Clair Adams (1921; Project Gutenberg, 2004), http://www.gutenberg.org/files/10763/10763-8.txt; accessed 19 August 2010.
③ Source unknown.
④ Jim Collins, *Good to Great: Why Some Companies Make the Leap... and Others Don't* (New York: HarperCollins, 2001), 139.
⑤ Henry Ford in interview *The American Magazine* (July 1928), vol. 106.

第 6 章　第四层级：育人

① Drucker, Peter, *On the Profession of Management* (Cambridge, MA: Harvard Business Review, 2003).
② George Barna with Bill Dallas, *Master Leaders: Revealing Conversations with 30 Leadership Greats* (Carol Stream, IL: BarnaBooks, 2009), 61.
③ James A. Belasco and Ralph C. Stayer, *Flight of the Buffalo: Soaring to Excellence, Learning to Let Employees Lead* (New York: Warner Books, 1994), 19.
④ Everett Shostrom, *Man, The Manipulator* (New York: Bantam, 1980).
⑤ "The Little Boy and Sugar," Storytime for Children, Gandhi Memorial Center, Washington D.C., http://www.gandhimemorialcenter.org/for_children, accessed 8 April 2011.
⑥ George Barna with Bill Dallas, *Master Leaders* (Wheaton, IL: Tyndale, 2009), 62.
⑦ David Sedaris, *Naked* (New York: Back Bay Books, 1997), 215.

第 7 章　第五层级：巅峰

① Collins, *Good to Great*, 29.
② Robert J. Thomas, "Crucibles of Leadership Development," *MIT Sloan Management Review* 49, no. 3 (Spring 2008), 15.

③ "John Wooden: A Coaching Legend, October 10, 1910—June 4, 2010," Official Website of UCLA Athletics, http://www.uclabruins.com/sports/m-baskbl/spec-rel/ucla-wooden-page.html; accessed 24 September 2010.
④ "John Wooden: Life and Times," UCLA, http://www.spotlight.ucla.edu/john-wooden/life-and-times; accessed 23 September 2010.
⑤ "NAIA Celebrates Black History Month—The Clarence Walker Story" (video), YouTube, http://www.youtube.com/watch?v=6TPw7UnCG3g; accessed 23 September 2010.
⑥ "John Wooden: A Coaching Legend."
⑦ "Season-by-Season Records," *UCLA History*, http://grfx.cstv.com/photos/schools/ucla/sports/m-baskbl/auto_pdf/MBB_History_99-128.pdf, 116; accessed 24 September 2010.
⑧ "John Wooden: A Coaching Legend."
⑨ "Sporting News' Top 50 Greatest Coaches of All Time," *Sporting News*, July 29, 2009, http://www.sportingnews.com/ncaa-basketball/story/2009-07-29/sporting-news-50-greatest-coaches-all-time; accessed 24 September 2010.
⑩ "Wooden's Pyramid of Success," The John R. Wooden Course, http://woodencourse.com/woodens_wisdom.html; accessed 24 September 2010.

领导力大师系列

——重磅上市——

用大师的领导力思想，应对数字时代的深度变革

ISBN：978-7-5043-8934-3
定价：79.00 元

排名世界第一的领导力大师的传世之作，新东方创始人俞敏洪、清华大学杨斌教授领衔推荐，为你的精彩人生规划一份领导力蓝图。

ISBN：978-7-5043-8951-0
定价：89.00 元

本书为我们打开了“青色组织”与“自主管理”的大千世界，让各种新型管理做法闪亮登场，带我们领略这些充满生机与活力的组织新型管理实践。弗雷德里克 · 莱卢郑重推荐！

即将出版

变革正道

约翰 · 科特

哈佛商学院终身教授，变革领导力之父，两次荣获麦肯锡奖。本书堪称变革逻辑的颠覆性创新之作，组织变革和领导力提升的教科书级指导书。

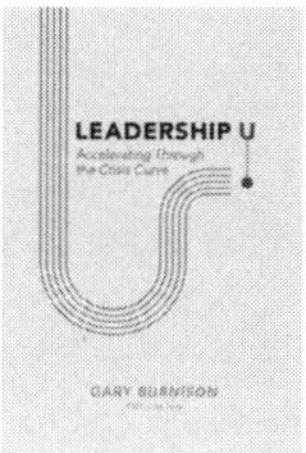

U 型领导力

加里 · 伯尼森

全球五大顶尖猎头公司——光辉国际的首席执行官之重磅作品。“U”勾画出了从衰退或危机中复苏的路径。

**GRACE:
领导力的 5 大品格**

加里 · 伯尼森

全球五大顶尖猎头公司——光辉国际的首席执行官之重磅作品。感激、坚韧、期望、勇气、同理是领导者的五大美德。领导者如果希望他人有担当，自己就应该先拥有这样的人格美德。

扫码购书